BEI GRIN MACHT SICH IHR WISSEN BEZAHLT

AF136110

- Wir veröffentlichen Ihre Hausarbeit, Bachelor- und Masterarbeit

- Ihr eigenes eBook und Buch - weltweit in allen wichtigen Shops

- Verdienen Sie an jedem Verkauf

Jetzt bei www.GRIN.com hochladen und kostenlos publizieren

Bibliografische Information der Deutschen Nationalbibliothek:

Die Deutsche Bibliothek verzeichnet diese Publikation in der Deutschen National-
bibliografie; detaillierte bibliografische Daten sind im Internet über http://dnb.d-
nb.de/ abrufbar.

Dieses Werk sowie alle darin enthaltenen einzelnen Beiträge und Abbildungen
sind urheberrechtlich geschützt. Jede Verwertung, die nicht ausdrücklich vom
Urheberrechtsschutz zugelassen ist, bedarf der vorherigen Zustimmung des Verla-
ges. Das gilt insbesondere für Vervielfältigungen, Bearbeitungen, Übersetzungen,
Mikroverfilmungen, Auswertungen durch Datenbanken und für die Einspeicherung
und Verarbeitung in elektronische Systeme. Alle Rechte, auch die des auszugsweisen
Nachdrucks, der fotomechanischen Wiedergabe (einschließlich Mikrokopie) sowie
der Auswertung durch Datenbanken oder ähnliche Einrichtungen, vorbehalten.

Impressum:

Copyright © 2004 GRIN Verlag, Open Publishing GmbH
Druck und Bindung: Books on Demand GmbH, Norderstedt Germany
ISBN: 978-3-656-90588-2

Dieses Buch bei GRIN:

http://www.grin.com/de/e-book/285331/der-einsatz-von-dock-yard-management-
im-schnittstellenmanagement

Thorsten Jochheim

Der Einsatz von Dock&Yard Management im Schnittstellenmanagement

GRIN Verlag

GRIN - Your knowledge has value

Der GRIN Verlag publiziert seit 1998 wissenschaftliche Arbeiten von Studenten, Hochschullehrern und anderen Akademikern als eBook und gedrucktes Buch. Die Verlagswebsite www.grin.com ist die ideale Plattform zur Veröffentlichung von Hausarbeiten, Abschlussarbeiten, wissenschaftlichen Aufsätzen, Dissertationen und Fachbüchern.

Besuchen Sie uns im Internet:

http://www.grin.com/

http://www.facebook.com/grincom

http://www.twitter.com/grin_com

Der Einsatz von Dock&Yard Management im Schnittstellenmanagement

Von:

Thorsten Jochheim

Inhaltsverzeichnis

1 Einführung in die Thematik

1.1 Einleitung

Die vergangenen Jahre haben durchgreifende Veränderungen der wettbewerblichen und wirtschaftlichen Rahmenbedingungen der Märkte bewirkt. Die zunehmende Globalisierung der Märkte, steigende technologische Entwicklungen und steigende Anpassungen an die Wettbewerbssituation erfordern eine Optimierung der gesamten Prozesskette, d. h. von der Beschaffung der Rohstoffe und Vorprodukte bis hin zur Auslieferung der fertigen Endprodukte. Wachsende Kundenansprüche, geprägt von steigenden Qualitätsanforderungen, von einem stetig steigenden Servicegrad und einer wachsenden Leistungsqualität (Durchlaufzeit u. Termintreue), verlangen ebenfalls eine schnelle Reaktion seitens der Unternehmen. Verschiedene logistische Konzepte haben sich in den letzten Jahren durchgesetzt, die diese Optimierung zum Ziel haben. Die Unternehmen sind weiterhin bestrebt, innerhalb der Anwendung dieser logistischen Konzepte, ebenfalls ein Optimum zu erreichen. Eine Möglichkeit, dieses Optimum zu verwirklichen, liegt in der Einrichtung eines effektiven D&Y Managements.

1.2 Gegenstand und Aufbau der Arbeit

Obwohl die Dock und Yard Management Systeme zunehmend an Bedeutung gewinnen, ist die Kenntnis über ihre Existenz z. T. noch sehr eingeschränkt. Auch ist die Anzahl der Anbieter dieser Informationssysteme gegenwärtig noch nicht sehr ausgeprägt. Das Ziel dieser Arbeit ist es, dem Leser einen ersten Einblick in die Thematik des Dock&Yard Managements zu verschaffen. Hierfür ist eine Vielzahl von D&Y Management Systemen, hauptsächlich aus dem amerikanischen Ausland, untersucht worden.

In der nachfolgenden Ausarbeitung wird zunächst eine Abgrenzung des Begriffs Dock und Yard Management vorgenommen und die Motive zur Einrichtung von D&Y Management Systemen erörtert.

D&Y Management Systeme sind nur ein Teil von Informationssystemen innerhalb einer Unternehmung. Es existiert eine Reihe weiterer Informationssysteme (unternehmensintern sowie unternehmensextern), deren Daten für das D&Y Management von hoher Bedeutung sind. Um diese Daten zu verarbeiten bedarf es der Existenz eines Schnittstellenmanagements. Das Schnittstellenmanagement ist des Weiteren für die Übermittlung von Daten an externe Bereiche des Werksgeländes (Anzeigetafeln, etc.) verantwortlich. Das folgende Kapitel geht detailliert auf die Beschreibung des Schnittstellenmanagements ein. Damit der Informationsaustausch zwischen den Akteuren problemlos durchgeführt werden kann, sind zuverlässige Kommunikationsmöglichkeiten die Voraussetzung. Ohne diese Technologien ist ein effektives D&Y Managements nicht durchführbar. Im nächsten Kapitel werden einige der gebräuchlichsten Technologien vorgestellt. Trotz der Einführung eines D&Y Managements kommt es in der Praxis aus den verschiedensten Gründen vor, dass vor allem Container auf dem Werksgeländer verloren gehen. Um diese Situation zu vermeiden, werden zusätzliche Technologien verwendet, welche auch direkt mit den D&Y Management Systemen in Verbindung stehen. Das letzte Kapitel stellt die Transpondertechnologie und das GPS-Ortungssystem zur Lokalisierung von mobilen Lagerflächen vor. Abschließend wird im Fazit eine thesenartige Zusammenfassung der Arbeit gegeben sowie ein Ausblick auf weitere, zukünftige Entwicklungen im Zusammenhang mit dem D&Y Management erörtert.

2 Begriffliche Abgrenzung des Dock&Yard Managements

Das Dock Management umfasst die Steuerung der Aktivitäten an den Laderampen während das Yard Management die Aktivitäten auf dem Werksgelände koordiniert, d. h. die Zuordnung der Aufgaben-, Arbeitsteilung sowie die Steuerung des auf dem Betriebgelände stattfindenden Verkehrs, um eine Minimierung unnötiger Such- und Rangierfahrten zu verwirklichen [Tec03-ol]. Die Aktivitäten an den Laderampen umfassen neben dem Wareneingang und Warenausgang u. a. die Steuerung der ankommenden und abfahrenden LKWs an bzw. von den Verladerampen. Auf diese Problematik werden sich die folgenden Kapitel konzentrieren. Das Yard Management hingegen steuert den aufkommenden Verkehr auf dem Werksgelände, ausgelöst durch werkseigene, wie auch externe Fahrzeuge. Des Weiteren ist durch das Yard Management die Möglichkeit gegeben, zu jeder Zeit alle relevanten Informationen über die auf dem Betriebsgelände befindlichen LKWs und Container zu besitzen. Dazu gehört z. B. das Wissen, welcher LKW bzw. Container an welcher Stelle auf dem Betriebsgelände steht, welche Ladung sich darin befindet, welchem Unternehmen der LKW/Container gehört, wie lange er noch auf dem Betriebsgelände steht, usw.

3 Motive für die Einrichtung des D&Y Managements

Das Ziel eines jeden ertragsorientierten Unternehmens ist die Sicherstellung der maximalen Zufriedenheit jedes Kunden. Einen wesentlichen Beitrag, dieses Ziel zu erreichen, leistet die perfekte Abstimmung aller logistischen Abläufe aufeinander sowie das synchrone Zusammenspiel aller Komponenten entlang der Wertschöpfungskette. Die Komponenten sind hierbei die Planung und Warendisposition, die Bereitstellung bzw. Zulieferung, die Produktion, die Lagerhaltung und die Belieferung des Auftraggebers. Die optimale Auslastung aller Ressourcen spart Kosten und steigert die Produktivität und die Qualität des gesamten Logistiksystems.

Die o. g. Synchronisation ist nur dann möglich, wenn ein Informationssystem in der Lage ist, alle relevanten Informationen in Echtzeit bereitzustellen und diese simultan und in übergreifender Logik in die Abläufe der gesamten logistischen Wertschöpfung so zu integrieren, dass alle Vorgänge lückenlos miteinander verknüpft sind.

Die Synchronisation von Materialfluss und Arbeitsabläufen ist das Ergebnis:

- der Verfügbarkeit des richtigen Produktes, in der richtigen Menge, zum richtigen Zeitpunkt und am richtigen Ort.

- der Reduzierung der Lagerbestände, für Nachschub, aber auch für Hilfs- und Betriebsmittel.

- der höheren Wirtschaftlichkeit durch reduzierte Lagerhaltung, Ressourcenschonung und Zeitersparnis.

- der schnelleren Warenlieferung vom Abgangsort zur Endbestimmung.

mit dem Ziel der Steigerung der Rentabilität durch Kostensenkung in der Logistik.

Das operative Umfeld der Lagersteuerung und -verwaltung von Produktionsunternehmen sowie von Distributionsunternehmen wird maßgeblich von der verfrühten und verspäteten Zufuhr von Gütern beeinflusst. Der zunehmend im Mittelpunkt stehende Engpass sind die Rampen bzw. deren nutzenmaximierte Belegung über den Tag. Die knappen, oftmals auch Schwankungen unterworfenen, verfügbaren Ressourcen (Arbeitskräfte, Maschinen, etc.) leisten einen wesentlichen Beitrag zur termingetreuen Aufgabenbewältigung. Die Verwaltung und Steuerung dieser Ressourcen, bzw. deren Glättung sowie die Berechnung, ob diese zur Aufgabenbewältigung in ausreichender Zahl zur Verfügung stehen, ist ein maßgeblicher Faktor. Diese Problemstellung wird mit Hilfe eines effektiven D&Y Managements gelöst. Es trägt dazu bei, dass der Materialfluss an den Rampen reibungslos verläuft. Abbildung 1 soll das Verfahren der Glättung verdeutlichen.

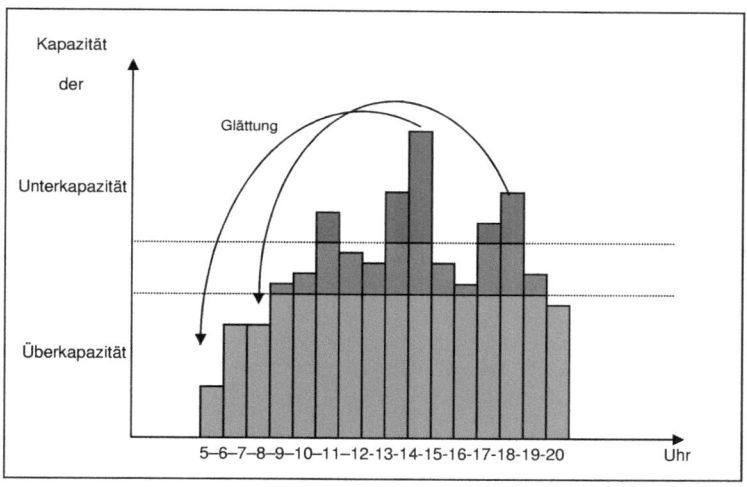

Abbildung 1: Verfahren der Glättung zur optimalen Ausnutzung der Verladerampen

Den Unternehmen stehen nur eine begrenzte Anzahl Laderampen, Personal und Maschinen zur Verfügung, um den Wareneingang und Warenausgang optimal durchzuführen. Die Kapazitäten reichen zu bestimmten Zeiten jedoch nicht aus (im Tagesverlauf, in saisonbedingten Spitzenzeiten oder Stoßzeiten vor Feiertagen, d. h. saisonaler und zeitlich flüchtiger Nachfrage). Das D&Y Management versucht anhand von Optimierungsverfahren unter Berücksichtigung verfügbarer Ressourcen sowie frühzeitiger Informationsübermittlung eine Glättung vorzunehmen, um so die Kapazitäten optimal zu nutzen.

Innerhalb des D&Y Managements werden die Rampen als Produktivfaktoren betrachtet. Die Rampen bilden die Schnittstelle zwischen dem Lager und dem Versand (interne u. externe Logistik). Die Materialzugänge und Warenausgänge kreuzen sich an den verfügbaren Rampen. Die Rampen bilden demzufolge die Drehscheibe des Materialflusses. Die Planung

bzw. die Steuerung der Rampenbelegung ist ein wesentlicher Faktor, denn je häufiger diese auftragswirksam werden, desto höher ist die Umschlagsquote bei gegebenem Auftragsvolumen. Der Kapazitätsanstieg mit Hilfe eines effektiven D&Y Managements durch optimale Nutzung der Rampen ist ein wichtiges Glied bei der durchgängigen Optimierung logistischer Prozessketten.
Die o. g. interne bzw. die externe Logistik unterliegt oftmals bestimmten Gesetzmäßigkeiten und sind häufig mit unterschiedlichsten Problemstellungen behaftet:

- Der Versand: Unvorhersehbare Verzögerungen der Frachtführer bilden oftmals unproduktive Zeitfenster, da die Planung nicht unverzüglich nach Kenntnisnahme überprüft und angepasst werden kann. Grundsätzlich beschäftigt sich die Problemlösung jedoch ab der Bereitstellfläche im Lager. Im D&Y Management wird davon ausgegangen, dass die Güter entsprechend zur Verfügung stehen.

- Das Lager: Schwankende Verfügbarkeit von Arbeitskräften und unterschiedliche Produktivität einzelner Mitarbeiter führen oftmals zu Engpässen und Belastungsspitzen und in der Folge zu Verzögerungen bei der Auftragsbewältigung. Verspätet sich ein Fahrzeug, findet keine adäquate Nutzung der Produktivfaktoren statt, denn häufig liegt der Zeitpunkt der Kenntnisnahme kurz vor dem geplanten Termin und es besteht keine Möglichkeit, die Tagesfeinplanung zu modifizieren und die Produktivfaktoren sinnvoller einzusetzen. Hier zielt die Problemlösung auf die internen Transportaufträge zu den Bereitstellflächen an den Rampen an. Es ist Ziel des D&Y Managements, dass das Abholfahrzeug zum Zeitpunkt der vollständigen Bereitstellung der Ware an der Rampe zur Beladung verfügbar ist.

Zusätzlich ist eine fehlende Informationsversorgung bei statischer Planung eine weiterer Grund für die Entstehung von Engpässen. Diese verändert sämtliche Tätigkeitsprofile in einem Wettlauf gegen die Zeit. Das Fehlen einer Entscheidungshilfe zur dynamischen Planung der Rampen hat in der Regel einen Abfall der Produktivität zur Folge.

Im heutigen, immer stärker zunehmenden Wettbewerb suchen die Unternehmen nach jeglicher Möglichkeit, die Produktivität und Effektivität ihrer Ressourcen zu erhöhen, um so Wettbewerbsvorteile erreichen zu können. Nach der Optimierung von Warehouse - und Transportsystemen besteht eine Möglichkeit in der Einrichtung eines D&Y Managements. Es reduziert die fixen Kosten und das Standgeld, welches entsteht, wenn die LKW-Fahrer auf dem Betriebsgelände auf ihren Verladevorgang warten müssen. Es erhöht die Nutzung der LKW-Fahrer sowie die Nutzung des Laderampenpersonals. Aufwendige Kontrollen der LKWs auf dem Betriebsgelände werden durch das D&Y Management verringert oder ganz vermieden. Durch die im D&Y Management berechneten und geplanten Ankunfts- und Abfahrtszeiten wird eine bessere Ausnutzung der Laderampen erreicht.

Die Ankunft der Verkehrsträger ist oft mit Problemen verbunden. Die LKWs sind häufig gezwungen, vor dem Betriebsgelände bzw. vor dem Verladetor zu warten, da vor ihnen noch andere LKWs zu entladen sind.

Die Folgen einer unerwarteten bzw. außerplanmäßigen Ankunft eines LKWs (egal, ob zu spät oder zu früh) spiegeln sich in der zum Teil starken Erhöhung der Kosten wieder, aufgrund von stillstehenden oder zu wenigen Abladehilfen (Gabelstapler) oder aufgrund von unter- bzw. überfordertem Personal. Außerdem erhöhen leere, nicht genutzte Flächen auf dem Werksgelände sowie nicht genutzte Verladetore die Opportunitätskosten, wenn sich auf diesen Flächen die LKWs oder sonstige Gegenstände befinden und somit keiner anderen Nutzung zur Verfügung stehen. Kommt ein LKW zu spät, stellt jede zur Verfügung stehende Ressource an einem leeren bzw. nicht genutztem Verladetor Kosten dar.

Darüber hinaus können noch andere Probleme innerhalb des Betriebshofes durch D&Y Systeme koordiniert werden. Beispielsweise Ausfälle der auf dem Betriebsgelände eingesetzten Fahrzeuge, nicht funktionierende Verladetore oder die Verladevorgänge benötigen nicht die vorgeschrieben Zeit, dauern entweder zu lange oder sind zu schnell. D&Y Management Systeme verhindern des Weiteren, dass Fahrzeuge auf dem Betriebshof abhandenkommen. In der Praxis kommt es häufig vor, dass Unternehmen Mitarbeiter einstellen, deren Aufgabe darin besteht, abhanden gekommene Fahrzeuge (Trailer, Container usw.) wiederzufinden. Das D&Y Management arbeitet in "Echtzeit", d. h. ist es in der Lage, die Aktivitäten auf dem Betriebsgelände zu jeder Zeit zu verfolgen und zu kontrollieren mit dem Ziel, die wartenden LKWs schnellstmöglich zu den freien Verladestellen zu leiten. Es wird zu jeder Zeit überprüft, ob und welche Auswirkungen die o. g. zeitlichen Abweichungen auf die Verladesituation haben.

4   Schnittstellenmanagement

Um die einzelnen Verladestellen bzw. Parkstellen für die Verkehrsträger und mobilen Lagerflächen auszuwählen, bedarf es der Anzeige und Berücksichtigung interner und externer Daten. D&Y Management Systeme besitzen in der Regel ein Schnittstellenmanagement zu internen und externen Systemen, welches die Übernahme von Stamm- und Bewegungsdaten über Module erlaubt. Daher ist es möglich, D&Y Management Systeme an Fremdsysteme anzubinden, welche die benötigten Daten in strukturierter Form bereitstellen. D&Y Management Systeme sind in der Regel nur ein Teil von Softwareverfahren des Transportmanagements, welches der durchgängigen Optimierung von Distributionsprozessen dient. Die folgende Abbildung illustriert die Stellung des D&Y Managements innerhalb der für das Transportmanagement unabkömmlichen externen Systeme sowie ergänzender Module.

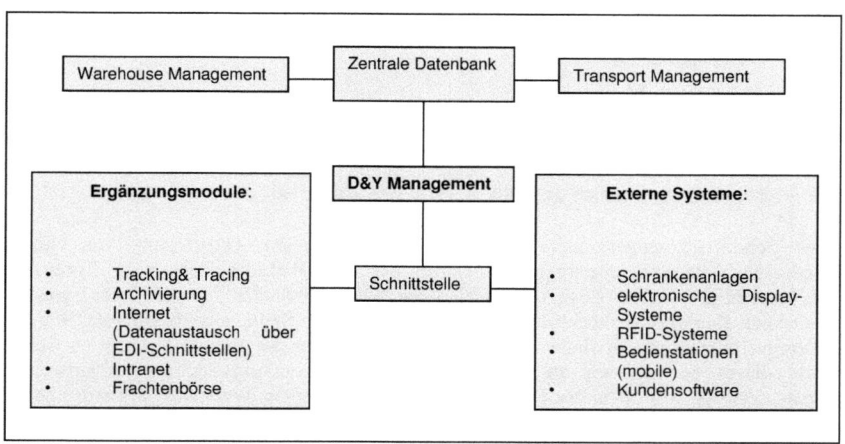

Abbildung 2: Stellung des D&Y Managements im Informationssystem des Unternehmens

Um ein leistungsfähiges Gesamtsystem zu bilden, wird der gesamte Datenfluss über eine zentrale Datenbank abgewickelt. Diese versorgt alle Applikationen mit den notwendigen Stamm- u. Bewegungsdaten. Dadurch besteht die Möglichkeit, die einzelnen Softwaretools miteinander zu kombinieren. Die Notwendigkeit der Einbringung aller externen Systeme sowie aller Ergänzungsmodule ist in der Regel nicht gegeben. Die untersuchten Gesamtsysteme beinhalten vorwiegend nur ein Teil der dargestellten externen Systeme bzw. Ergänzungsmodule. Durch das Schnittstellenmanagement ist auch die Einbindung von anderen Systemen sowie die Einbindung in andere Systeme gewährleistet. Alle benötigten Daten aus z. B. Warehousemanagement Systemen, Transportmanagement Systemen oder Personalmanagement Systemen werden durch zertifizierte Schnittstellen aus ihren bestehenden System übernommen und stehen zur weiteren Bearbeitung in der zentralen Datenbank (Host Computer) des jeweiligen Unternehmens (Warenverteilzentrum) zur Verfügung. Die Daten, welche durch Warehousemanagement Systeme breitgestellt werden, sind in der Regel:

- Artikelstammdaten
- Lagerbewegungen
- Kommissionierungsaufträge
- Versandaufträge
- Versanddaten

Transportmanagement Systeme (von Transportunternehmen, d. h. in einigen Fällen besitzen die Warenverteilzentren keine eigenen TMS) versorgen die zentrale Datenbank mit folgenden Informationen:

- Versandaufträge
- Versanddaten
- Transportaufträge
- Transportdaten

Sind Dock&Yard Management Systeme separate Systeme, ist es für eine effektive Steuerung unbedingt erforderlich, Daten vom (bzw. in das)Yard Management System in das (bzw. vom) Dock Management System, zu integrieren. Werden die Daten ungenau oder verzögert übermittelt, kann dies zu Kosten führen, verursacht durch die Ineffizienz und Unproduktivität der Arbeiter an den Verladestellen.

Das Schnittstellenmanagement ist bei der Erstellung der Torbelegung von enormer Bedeutung, da die übertragenden Daten bei der Verladestellen bzw. Torauswahl berücksichtigt werden. Besitzt beispielsweise der Koordinator für die Torbelegung im Leitstand Kenntnis darüber, dass an einer bestimmten Stelle eine bestimmte Ware im Warenverteilzentrum zu finden ist, wird er die Belegung des WE-/WA Tores so wählen, dass dieses so nah wie möglich an der Ware lokalisiert ist, um zeitaufwendige Transportwege innerhalb des Lagers zu vermeiden. Werden Warenausgangsladeeinheiten für einen Verkehrsträger an einer bestimmten Verladerampe gebildet, wird dies dem Koordinator für die Torbelegung im Leitstand durch das Schnittstellenmanagement übermittelt, so dass dieser daraufhin die richtige Verladerampe für den Verkehrsträger bereithält. Bei einigen Dock Management Systemen ist die Automatisierung des

Schnittstellenmanagements soweit fortgeschritten, dass die Berücksichtigung interner sowie externer Daten bei der Planung der Rampenbelegung selbststeuernd erfolgt.

Die verwaltungsrelevanten Daten basierend auf Avis werden in der Regel durch EDI (Electronic Data Interchange) übermittelt. EDI ist der elektronische Austausch von strukturierten Nachrichten zwischen Geschäftspartnern. In diesem Fall zwischen dem WVZ und dem Transporteur. Als optimale Alternative zur existierenden Fax-, Telefon- und Geschäftspapierkommunikation, wird EDI für externe Geschäftsprozesse verwendet, um gleichartige und regelmäßig anfallende Geschäftskommunikationen mit Unternehmenspartnern durchzuführen. Bezogen auf das D&Y Management sind dies Bestellungen, Lieferpläne oder Transportdaten. EDI ermöglicht neben der elektronischen Kommunikation der strukturierten Daten, die automatische Weiterverarbeitung (ohne manuellen Eingriff) von Geschäftsvorfällen bzw. Geschäftsnachrichten. Ziel der Anwendung von EDI ist es, die Geschäftskommunikation zwischen allen Geschäftspartnern möglichst kostengünstig und vor allem zeitoptimiert durchzuführen. Folgende Abbildung demonstriert den automatisierten Prozess der Übermittlung von Avisen durch EDI:

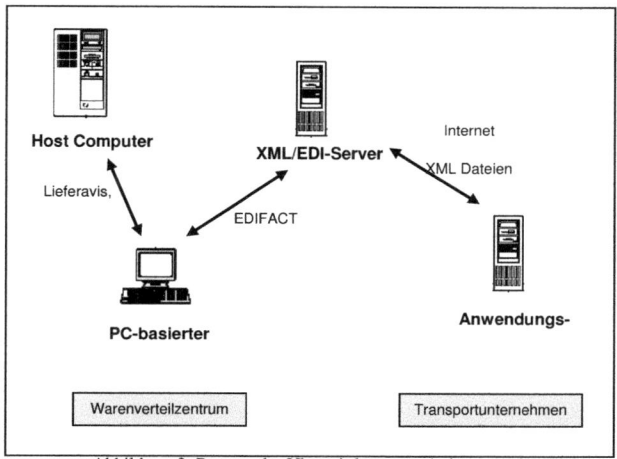

Abbildung 3: Prozess der Übermittlung von Avisen

Das Transportunternehmen übermittelt die Daten des Liefer-Abholavis über das Internet via Email im browserfähigem XML-Format (Extensible Markup Language). Die verschlüsselten Daten des Avis werden zum XML/EDI-Server gesendet, dort entschlüsselt und in das EDIFACT-Format konvertiert. Im umgekehrten Fall, d. h. beim Versenden von Daten zum Lieferanten sorgt der Server für eine Verschlüsselung der Daten, so dass sie auch unter Nutzung des Kommunikationsweges Internet nur von den Empfängern gelesen und beantwortet werden können. Die Daten werden weiter zu einer EDIFACT-Schnittstelle gesendet, um dann im Host Computer abgelegt zu werden, in welchem sie dann zu weiteren Applikationen zur Verfügung stehen. Die Abbildung dient nur als Beispiel. In der Praxis existiert eine Vielzahl von konfigurierbaren Schnittstellenkonvertern für die Kommunikation mit ASCII-Dateien (American Standard Code for Information Interchange), XML, Datenbanktabellen etc.

9

Verfügt das Warenverteilzentrum über die Möglichkeit einer Sendungsverfolgung (Tracking&Tracing), werden die Daten des jeweiligen Verkehrsträgers bzw. der mobilen Lagerfläche vom Tracking&Tracing System über eine T&T Schnittstelle auf der zentralen Datenbank abgelegt und zeitgleich auf der Internetplattform des Unternehmens bereitgestellt. Können externe Prozessbeteiligte (Produktionsunternehmen, Transportunternehmen, Dienstleister und Empfänger der Waren) den Sendungsstatus der Waren auf der Internetseite des WVZs nicht direkt verfolgen, werden die Daten mittels des XML/EDI-Servers an Logistikdienstleister übermittelt, welche ihrerseits Tracking&Tracing Informationsdienste anbieten. In der Regel werden die Daten nur an Logistikdienstleister übermittelt, die einen hohen Anteil am durchzuführenden Verkehr (Verkehrsträger bzw. mobile Lagerflächen) auf dem Werksgelände besitzen. Die Informationen, die beim Tracking&Tracing werden entweder auf der Internetseite des Warenverteilzentrums bereitgestellt werden oder dem Logistikdienstleister direkt übermittelt.

Das Schnittstellenmanagement steuert nicht nur den Import von internen bzw. externen Daten, sondern ermöglicht weiterhin die Übermittlung von Daten an externe Bereiche des Werksgeländes. Folgende Abbildung zeigt ein Netzwerksystem speziell des D&Y Managements. Neben der Einbindung in ein Gesamtsystem sowie in den Lagerverwaltungsrechner, der die aktuellsten Informationen liefert und die Garantie auf eine schnellstmögliche Reaktion gewährt, ist vor allem die Integration von stationären und mobilen Bedienstationen an den Verladestellen ein Garant für eine effektive Steuerung. Die Integration eines Anzeigesystems erleichtert die Kommunikation mit den Fahrern. Daneben existieren diverse mobile Kommunikationstechnologien, welche dann notwendig und wirtschaftlich sinnvoll sind, wenn sich der Aufenthaltsort eines Kommunikationspartners ständig ändert. Die Nutzer mobiler Kommunikationsmittel sind im D&Y Management in der Regel die Fahrer der einzelnen Verkehrsträger sowie die Arbeiter an den einzelnen Verladestellen. Voraussetzung für den Austausch der Daten zwischen Leitstand und mobilen Kommunikationsterminals (Handheld, Pager, Bordcomputer, etc.) ist der Kommunikationsserver, der die Daten konvertiert und über Transmitter an RF Terminals weiterleitet oder Daten von RF-Terminals erhält und diese dann umwandelt. Werden stationäre Kommunikationsmittel, wie z. B.. Anzeigetafeln verwendet, müssen die Daten durch einen Konverter umgewandelt werden, um die nötigen Informationen an der Anzeigetafel bereitzustellen. Die Abbildung erläutert dieses näher.

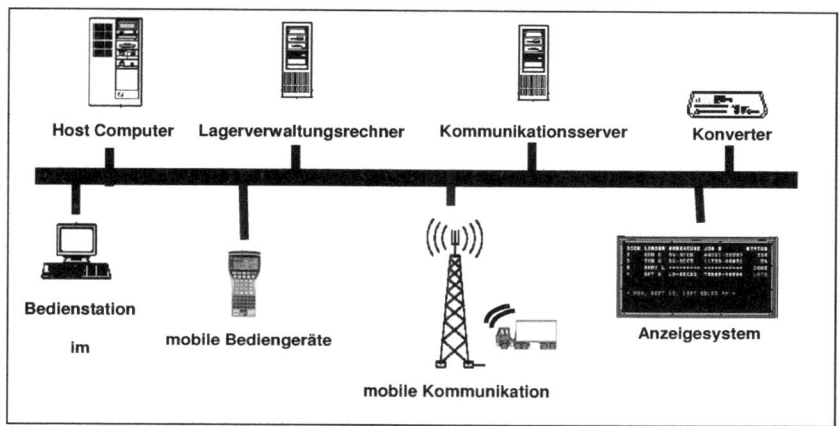

Abbildung 4: Illustration der organisatorische Grundstruktur externer Kommunikationsmittel

Die nachfolgende Abbildung illustriert die Komponenten und die Schnittstellen für eine Übertragung der Daten auf stationäre Anzeigetafeln. Bei vielen der untersuchten D&Y Management Systeme kommen diese Anzeigetafeln zur Anwendung, um den Verkehr auf dem Werksgelände sowie an den Verladerampen effektiv zu steuern.

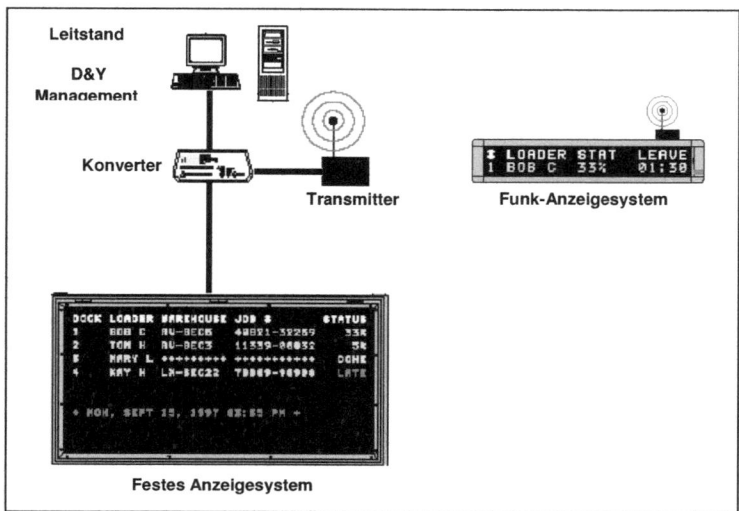

Abbildung 5: Komponenten und Schnittstellen für stationäre Anzeigetafeln

Die vom Leitstand ausgehenden Daten werden im Konverter für die Anzeige an den entsprechenden Tafeln umgewandelt. Zusätzlich besteht die Möglichkeit, die Daten mittels eines Transmitters an weitere Anzeigetafeln zu senden, welche sich an entfernteren Standorten befinden. Die Daten, die in diesem Beispiel übertragen werden, sind:

- Nummer der Verladerampe,

- Name des Verladearbeiters,

- Statusanzeige (erledigt, in Verzug oder Prozentangabe der vollzogenen Verladung)

- Zeitpunkt des Verlassens der Verladestelle,

- Bestimmungsort innerhalb des Warenhauses,

- Nummer der durchzuführenden Arbeit,

- Datum und Uhrzeit.

Der nachfolgende Abschnitt befasst sich speziell mit der Thematik Kommunikation und stellt des Weiteren zusätzliche Kommunikationsalternativen vor.

5 Kommunikationsmöglichkeiten im D&Y Management

Eine grundlegende Voraussetzung für eine schnelle, sichere und problemlose Fahrt durch das Werksgelände und an die jeweiligen Verladerampen, ist ein schneller Informationsaustausch zwischen den Akteuren auf dem Werksgelände. Eine fehlende und verspätete Informations- und Prozesstransparenz führt in der Regel zu einer hohen Anzahl an Leer- bzw. Suchfahrten, zu Verzögerungen und infolgedessen zu höheren Kosten. Auf die Beschreibung der Kommunikationsmöglichkeiten mit den Akteuren außerhalb des Werksgeländes (Zulieferer, Transportunternehmen, etc.) wird in diesem Abschnitt verzichtet. Nur durch einen effizienten Einsatz geeigneter Informations- und Kommunikationstechnologie ist eine effektive Steuerung des Verkehrs auf dem Werksgelände sowie an den Verladerampen gewährleistet. Aus diesem Grund ist die, je nach Anbieter, unterschiedliche Kommunikationstechnologie ein wesentlicher Bestandteil des D&Y Management Prozesses. Unter Kommunikationstechnologie sind die Praktiken zu verstehen, die eine permanente/gelegentliche bzw. einseitige/wechselseitige Informationsübermittlung zwischen den Akteuren auf dem Werksgelände garantieren.

Softwaresysteme, welche die zeitnahe Erfassung und Übermittlung von Informationen unterstützen, werden als Kommunikationssysteme bezeichnet. Sie werden separat oder zusammen mit der D&Y Management Software von verschiedenen Herstellern angeboten. Werden die Kommunikationssysteme einzeln angeboten, können sie über Schnittstellen in jedes bestehende D&Y Management System integriert werden. Die Kommunikationssysteme differenzieren sich in der Regel hinsichtlich verwendeter Kommunikationstechnik (Bündelfunk, GSM (Global System for Mobile Communication)), ihrer Kommunikationsarchitektur (zentral, dezentral), ihrer Anwendung (SMS, WAP) und der Art der genutzten Informationen (vgl. Tabelle 12). Die Auswahl der jeweiligen Technologie orientiert sich an örtlichen sowie wirtschaftlichen Gegebenheiten des Unternehmens. Werden beispielsweise auf dem Werksgelände vorwiegend Rangiervorgänge durchgeführt, ist die Kommunikation mit unternehmenseigenen Fahrzeugen (Rangierfahrzeuge) gewöhnlich intensiver und erfordert eine umfassendere Technik als der reine Informationsaustausch mit unternehmensexternen Verkehrsträgern zur Steuerung an die jeweiligen Verlade-Parkstellen. Die für die genannten Situationen geeigneten

Kommunikationssysteme werden in den folgenden Abschnitten erläutert. Dabei wird u. a. zwischen mobilen und stationären Kommunikationssystemen unterschieden.

Der Einsatz von mobiler Kommunikation innerhalb großer Frachthöfe bzw. Warenverteilzentren ist ein unerlässlicher Faktor zur Steuerung der Verkehrsträger innerhalb des Werksgeländes bzw. an den Verladerampen. Mobile Kommunikation besagt, dass die Endgeräte nicht mehr ortsgebunden sind, sondern entweder selbst portabel sind oder durch eine Verbindung mit einem Fahrzeug ihre Portabilität erlangen. Mit Hilfe mobiler Kommunikation ist eine schnelle, problemlose und zeitgenaue Steuerung gewährleistet. Durch den Wegfall einer standortgebundenen Übertragung von Informationen und Hinwendung zu einer mobilen Kommunikation, können die Informationen (siehe Tabelle 12) zeitnah übermittelt werden.

Die Hauptakteure des Informationsaustausches innerhalb des D&Y Managements Prozesses sind neben dem Leitstand und den Fahrern, das Verladepersonal sowie der Pförtner am Ein-/Ausgang des Werksgeländes. Die wesentlichen Informationen, welche zwischen ihnen ausgetauscht werden, sind in der folgenden Tabelle zusammengefasst:

Akteure	Pförtner	Leitstand	Fahrer	Verladepersonal
Pförtner		- An/Abmeldung - Ankunftsdaten des Verkehrsträgers - Anzeige von Störungen während der Anmeldung	- Angabe der Verlade/Parkstelle	- Information über nahende Ankunft des Verkehrsträgers an der Verladestelle
Leitstand	- Erlaubnis/Verbot der Einfahrt - Eventuell Angabe der Verlade/Parkstelle - Information über nahende Ankunft des Verkehrsträgers am Ausgang		- Angabe der Verlade/Parkstelle - Erlaubnis/Verweigerung der Einfahrt (falls Pförtner nicht vorhanden) - Rechtzeitige Information über Beginn/Ende der Be-/Entladung - Rechtzeitige Information über Störungen	- Information über nahende Ankunft des Verkehrsträgers - Rechtzeitige Information über Störungen - Statusanzeigen der Verladung
Fahrer	- Information über Störungen während der Fahrt zur Ausfahrt	- Bestätigung der Ankunft/Abfahrt von Verlade-Parkstelle - Anzeige von Beginn/Ende des Verlade/Park-vorgangs sowie von Störungen während des Verlade-, Park u. Rangiervorgangs	- Kommunikation mit anderen Fahren (evtl. beiderseitige Anzeige von Störungen, etc.)	- Information über Störungen während der Verladung

		- Anzeige der Ankunft/ Abfahrt am/vom Werksgelände (falls Pförtner nicht vorhanden)		
Verlade- personal	- Information über nahende Ankunft des Verkehrsträgers am Ausgang - Information über Störungen während der letzten Verladung	- Bestätigung der Ankunft/Abfahrt von Verladestelle - Anzeige von Beginn/Ende des Verlade-/ Parkvorgangs - Information über Störungen während des Verladevorgangs	- Rechtzeitige Information an den nachfolgenden Verkehrsträger über bevorstehende Be-/Entladung - Rechtzeitige Information an nachfolgende Verkehrsträger über Störungen bei der Verladung	- Rechtzeitige Be- nachrichtigung einer weiteren Verladestelle über bevorstehende Be-/Entladung

Tabelle 1: Informationsaustausch zwischen den Akteuren im D&Y Management

Der Informationsaustausch zwischen den Akteuren vollzieht sich in den unterschiedlichsten Arten. Die folgenden Abschnitte stellen einige, häufig angewandte Kommunikationspraktiken vor, durch welche die Verständigung zwischen den Akteuren vollzogen wird.

5.1 Informationsübermittlung mittels betrieblicher Funksysteme

Die Übermittlung der jeweiligen Informationen innerhalb des Werksgeländes durch betriebliche Funksysteme wird in der Praxis sehr häufig angewendet. Zu unterscheiden ist hierbei zwischen:

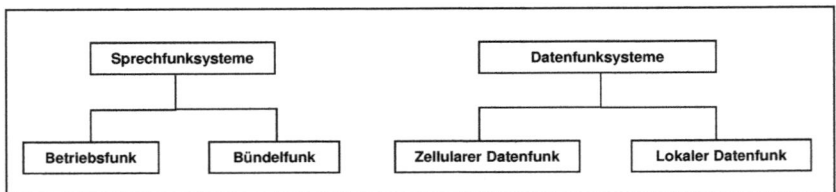

Abbildung 6 : Die Arten der Funksysteme

Sprechfunksysteme sind vorrangig für die sprachliche Kommunikation ausgelegt. Aber auch die Übertragung von Daten ist eingeschränkt durch Modems möglich, wird aber in der Praxis seltener angewandt. Zu den betrieblichen Sprechfunksystemen gehört der Betriebsfunk und der analoge sowie digitale Bündelfunk. Das Funktionsprinzip des Betriebsfunks ist relativ simpel. Auf einer zugewiesenen Frequenz kann man mit preiswerten Endgeräten funken. Die Zuweisung tätigt die Regulierungsbehörde für Post und Telekommunikation. Beim klassischen Betriebsfunk gehören die Steuerungszentrale und die Sendeeinrichtung im allgemeinen dem Betreiber. Die Endgeräte, welche in Warenverteilzentren bzw. in kleineren Frachthöfen verwendet werden, sind stationäre bzw.

mobile Handfunkgeräte. Jedes Endgerät im Empfangsbereich eines Senders empfängt die gesprochene Nachricht. Soll ein größeres räumliches Gebiet (Empfangsbereich größer als 4 km) versorgt werden, so richtet man normalerweise eine Dispatcherstation mit einer Antenne an exponierter Stelle ein. Der Vorteil des Betriebsfunks liegt in den niedrigen Kosten. (Anschaffungskosten, monatliche Grundgebühr). Nachteilig ist die geringe Sprachqualität sowie der Umstand, dass immer nur genau ein Teilnehmer sprechen kann (Simplex-Betrieb).

Der Bündelfunk ist die technisch verbesserte Version des Betriebsfunks, bei dem ein Frequenzbündel von mehreren Anwendergruppen gemeinsam genutzt wird. Die Kommunikation ist ebenfalls nur im Simplex-Betrieb möglich. Der Netzbetreiber ist ein regional oder bundesweit operierendes Unternehmen. Jeder Anwender verfügt über eine eigene Steuerungszentrale; doch die Sendeeinrichtung (die Telekommunikations-Infrastruktur) wird von einem Dienstleister für mehrere Teilnehmer gemeinsam betrieben. Dieser ermöglicht Gesprächsverbindungen zwischen Endteilnehmern an beliebigen, weit voneinander entfernten Orten. Wie beim Betriebsfunk gibt es keine Gesprächsgebühren pro Verbindung. Für jedes benutzte Endgerät fällt lediglich eine monatlich feste Gebühr an (max. 25 €). Zudem erlaubt das System eine bessere Ausnutzung der Funkfrequenzen. Erst wenn ein Teilnehmer eine Funkverbindung aufbauen will, wird ihm aus einem Bündel von Funkkanälen ein freier Kanal zugeteilt. Während beim früheren Bündelfunk analoge Sprechübertragungsverfahren zum Einsatz kamen, wird heute dagegen ein digitales Sprechübertragungsverfahren (TETRA) benutzt.

Neben der Sprachkommunikation gewinnt die Datenkommunikation zunehmend an Bedeutung. Datenfunksysteme sind komplett digital aufgebaut. Die Daten vom Versender werden in sogenannte Daten-Pakete zerlegt und dann über ein Festnetz zu einer Basisstation (Transmitter) gesendet. Die Basisstation ist eine stationäre Sende- und Empfangseinheit. Sie fungiert als Bindeglied zwischen dem Versender und dem mobilen Funkterminals und ist verantwortlich für eine direkte u. störungsfreie Kommunikation. Von der Basisstation wandern die Pakete über den Funkkanal zum Empfänger. Ist ein mobiler Teilnehmer der Versender, gelangen die Datenpakete über den Funkkanal in die Basisstation, wo sie daraufhin über das Festnetz an den Empfänger gesendet werden. Die Daten werden zusätzlich durch einen Kommunikationsserver konvertiert, um sie für den Empfänger bzw. Transmitter lesbar zu machen. Zu den Datenfunksystemen gehören u. a. der zellularere Datenfunk sowie Lokale Datenfunksysteme (WLANs).

Die Vorteile von Funksystemen zur Steuerung der Abläufe innerhalb des Werksgeländes sind neben der einfachen Montage der stationären Endgeräte sowie der Antennen (AccessPoint) der geringe Platzbedarf, die geringen Investitions- und Betriebskosten, eine schnelle Einarbeitung des Personals an die jeweiligen Bedienstationen, flexibler und effektiver Personaleinsatz sowie volltransparente Verladestellen (Wareneingang / Warenausgang).

Die Abbildung 36 illustriert die im D&Y unterschiedlichen Technologien zur Datenübertragung sowie die jeweiligen Bereiche des Werksgeländes, welche mit Funksystemen ausgestattet werden können.

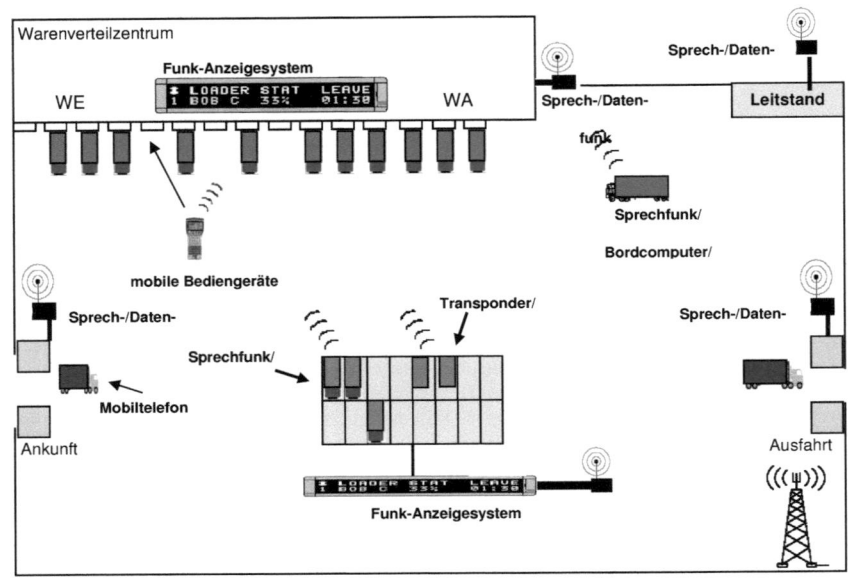

Abbildung. 7 :Überblick über die Bereiche und Technologien der Funkübermittlung

5.2 Anwendung der Funksysteme in der Praxis

Die folgenden Abschnitte illustrieren die Anwendung betrieblicher Sprach-Datenfunksysteme. Hierbei stützt sich die Beschreibung auf häufig angewandte Praktiken zur Steuerung des Verkehrs auf dem Betriebsgelände sowie an den Verladerampen. Einleitend wird die Handhabung des Sprechfunksystems innerhalb des Betriebsgeländes expliziert, um aufbauend darauf die Vorteile und Anwendungsmöglichkeiten des Datenfunks innerhalb des D&Y Managements hervorzuheben.

5.3 Anwendung des Sprechfunks innerhalb des D&Y Managements

Der Einsatz des Sprechfunks zur Kommunikation zwischen den Akteuren erfolgt vor allem in mittleren bis großen Warenverteilzentren. Innerhalb größerer Frachthöfe, in denen hauptsächlich Rangiertätigkeiten ausgeführt werden, kommt diese Form der Kommunikation seltener zum Einsatz. Hier werden vornehmlich Datenfunksysteme verwendet. Der klassische Sprechfunk ist noch immer die preiswerteste Art der Kommunikation. Der Anwender erwirbt die erforderlichen Endgeräte und zahlt nur eine Pauschale für die Frequenznutzung.

Die Akteure (vgl. Tabelle 12) sind mit stationären bzw. mobilen Endgeräten (Handfunkgeräten) ausgestattet. Die stationären Endgeräte sind im Leitstand bzw. beim Pförtner am Eingang und Ausgang des Werksgeländes vorzufinden. In selteneren Fällen sind auch die Verladestellen mit stationären Endgeräten ausgestattet. In der Regel sind in diesem Bereich die Verladearbeiter (Verlademeister) im Besitz der Handfunkgeräte, um mit

16

dem Leitstand bzw. anderen Akteuren zu kommunizieren. Bei einigen Warenverteilzentren werden die Fahrer der Verkehrsträger bei der Einfahrt zum Werksgelände mit Handfunkgeräten versorgt. Die Hauptakteure dieser Kommunikationsform sind der Leitstand und die Fahrer der einzelnen Verkehrsträger. Die Verantwortlichen im Leitstand geben die individuellen Informationen aus dem D&Y System mittels Betriebsfunk an die Fahrer der Verkehrsträger. Die überwiegende Informationen besteht aus der Angabe der Verlade-Parkstelle. Demgegenüber erhalten die Verantwortlichen von den Akteuren auf dem Werksgelände jegliche o. g. Informationen (vgl. Tabelle 12) und tragen die Daten in die entsprechenden Felder der Benutzeroberfläche des D&Y Systems. Bei dieser Form der Kommunikation trägt demzufolge nur der Leitstand die Daten in die Benutzeroberfläche des D&Y Management Systems ein. Der Vorteil des Sprechfunks besteht darin, dass auch die Akteure untereinander kommunizieren können. Beispielsweise kann der Verlademeister über das mobile bzw. stationäre Funkgerät dem Fahrer des Verkehrsträgers die bevorstehende Verladung mitteilen. Auch eventuell auftretende Störungen auf dem Werksgelände bzw. speziell an den Verladestellen lassen sich auf diesem Weg unverzüglich übermitteln.

5.4 Anwendung des Datenfunks innerhalb des D&Y Managements

Die Anwendung des Datenfunks zur Kommunikation zwischen den Akteuren auf dem Betriebsgelände ist in der Regel vorherrschend. Das Motiv hierfür ist, dass bei dieser Form der Kommunikation unterschiedliche Möglichkeiten vorhanden sind, die Daten in Textform zwischen den Akteuren zu übermitteln. Des Weiteren erlaubt der Datenfunk die Kommunikation über die D&Y Management Software, sofern die nötigen Endgeräte vorhanden sind. Das bedeutet im Unterschied zum Sprechfunk können alle am Prozess beteiligten Akteure einzelne Daten in das System eingeben bzw. aus dem System ersehen. Die dafür nötigen Endgeräte sind:

- die stationäre Bedienstation im Leitstand,
- die stationäre Bedienstation beim Pförtner am Eingang/Ausgang des Werksgeländes,
- die mobile/stationäre Bedienstation an der Verladestelle,
- die mobile Bedienstation in der Kabine des Verkehrsträgers/Rangierfahrzeugs (Bordcomputer) (siehe Anhang).

Sind die Geräte vorhanden, ist gewährleistet, dass die in Tabelle 12 dargestellten Informationen zwischen den Akteuren übermittelt werden können und die Steuerung der Verkehrsträger schnell und problemlos vollzogen werden kann. Es ist an dieser Stelle darauf hingewiesen, dass in der Regel nur die in Tabelle 12 dargestellten Informationen zwischen den Akteuren ausgetauscht werden.

Es ist nicht zwingend erforderlich, dass alle Akteure mit den oben dargestellten Endgeräten ausgestattet sind. In der Regel sind die Bereiche Leitstand und Pförtner mit stationären Bedienstationen ausgerüstet. Haben beide Akteure Zugriff auf die D&Y Software, gewährleistet der Datenfunk die schnelle Übertragung der Informationen, so dass die Verantwortlichen im Leitstand, wie auch der Pförtner zeitgleich über dieselben Informationen verfügen. Die Kommunikation findet in diesem Fall über die D&Y Software statt. Trifft ein Verkehrsträger am Werksgelände ein, muss der Pförtner die vom Fahrer erhaltenen Informationen mit den Daten im D&Y System vergleichen. Ist der Vergleich positiv, erhält der Verkehrsträger Zugang zum Werksgelände. Der Pförtner hat in diesem Fall noch die Ankunftszeit einzutragen und eventuell zusätzliche Informationen (Rufnummer des Fahrers, etc.). Der Leitstand erkennt durch diesen Eintrag, dass der Verkehrsträger erschienen ist, und braucht nicht zusätzlich mit dem Pförtner in Kontakt zu treten. In einigen Fällen kommunizieren auch die Verlademeister auf diesem Weg. Voraussetzung ist hierbei, dass auch die Verladestelle mit einer zentralen, stationären Bedienstation ausgerüstet ist.

Jedoch ist die Ausstattung der Verladestellen mit mobilen bzw. ortsfesten Bedienstationen individuell verschieden. Die mobilen Bedienstationen im Bereich der Verladestellen sind in der Regel Stapler bzw. Handheldterminals. Staplerterminals sind auf Gabelstaplern installiert und ermöglichen eine direkte Zuweisung von Be-Entladungsaufträgen seitens des Leitstand sowie ein Anzeigen der vollzogenen Be- bzw. Entladung seitens des Staplerfahrers. Handheld-terminals werden gewöhnlich genutzt, um die Ankunft des Verkehrsträgers zu bestätigen, die Warenein bzw. ausgänge zu kontrollieren und gleichzeitig den Beginn/das Ende der Verladung anzuzeigen (Abbildung siehe Anhang).

Die Ausstattung von installierten Bedienstationen im Führerhaus ist gewöhnlich bei Rangierfahrzeugen vorzufinden, die innerhalb großer Frachthöfe die mobilen Lagerflächen bewegen. In der Regel sind dieses Portalkräne, sogenannte Van Carrier. Die Fahrer arbeiten selbständig die ihnen zugeteilten und im Monitor sichtbaren Rangieraufträge ab und quittieren jeweils den Beginn und das Ende des entsprechenden Rangierauftrages. Wie die Bestätigung der Entladung einer mobilen Lagerfläche am Monitor einer Bedienstation aussehen kann, ist im Anhang illustriert (vgl. Anhang). Weitere Informationen, welche zwischen Fahrer und Leitstand über D&Y Software ausgetauscht werden können, sind der Tabelle 13 zu entnehmen.

In Unternehmen, bei denen überwiegend externe Verkehrsträger das Werksgelände in einer hohen Anzahl frequentieren bzw. wenige Rangiervorgänge vollzogen werden, ist es allerdings von ökonomischem Vorteil, innerhalb der Nutzung des Datenfunks andere Kommunikationsmittel zur Anzeige der Daten bzw. zur Informationsübermittlung zu verwenden. Diese werden im Folgenden näher aufgezeigt.

5.5   Kommunikation über Pager

Die Anwendung des Pagers ("Melder") ist eine häufig benutzte Methode zur Informationsübermittlung an die Fahrer der Verkehrsträger. Ein Pager ist ein Funkrufgerät zum Empfang von akustischen, als auch zum Empfang/Versenden alphanumerischen Informationen (siehe Anhang). Die Pager, welche im D&Y Management zur Anwendung kommen, sind überwiegend Ein-Weg-Pager. Sie eignen sich nur zum Empfang von kurzen Textnachrichten. Zwei-Wege-Pager können dagegen auch Kurznachrichten versenden. Das Herzstück des Pagers ist ein sogenannter Decoder, welche nur die Daten herausfiltert, die für den entsprechenden Pager bestimmt sind. Somit ist eine Übertragung von Informationen an andere Akteure auszuschließen. Die Akteure, die mit den Pagern ausgestattet werden, sind die Fahrer der Verkehrsträger sowie die Verlademeister. Die Fahrer erhalten den Pager bei ihrer Ankunft am Werksgelände nach erfolgtem positivem Vergleich der Daten. Der Pförtner informiert den Leitstand daraufhin über die Abgabe des Pagers und teilt ihm die jeweilige Rufnummer des Pagers mit. Bei einigen D&Y Systemen ist hierfür ein Feld in der Benutzeroberfläche vorhanden. In der Regel haben die Fahrer dann eine Parkstelle anzufahren, wo sie auf ihre Abfertigung warten. Steht die Abfertigung unmittelbar bevor, wird ihnen über den Pager der Standort der Verladestelle mitgeteilt. Ist die Be-Entladung von größerer Dauer und die Fahrer halten sich infolgedessen nicht permanent in ihrem Fahrzeug auf, wird ihnen über den Pager das Ende der jeweiligen Be-Entladung rechtzeitig angezeigt. Auch die Anzeige von Störungen durch den Leitstand ist durch den Pager möglich. Hierbei wird der Standort sowie die Art der jeweiligen Störung angezeigt. Sind die Fahrer mit einem Zwei- Wege - Pager ausgerüstet, erlaubt dieser die Übermittlung der in Tabelle 13 dargestellten Informationen vom Fahrer an den Leitstand. Bei der Ausfahrt werden die Pager vom Pförtner wieder eingezogen.

Weiterhin können die Verlademeister mit Pagern versehen werden. Der Leitstand informiert die Verlademeister auf diesem Weg über die nahende Ankunft des Verkehrsträgers sowie über Störungen während der Verladung. Der Verlademeister kann die in Tabelle 12 dargestellten Informationen dem Leitstand übermitteln, sofern er mit einem Zwei- Wege-Pager ausgerüstet ist. Die Abbildung eines typischen Pagers ist im Anhang dargestellt (vgl. Anhang). Die folgende Abbildung illustriert die Anwendungsbereiche des Pagers innerhalb des Werksgeländes:

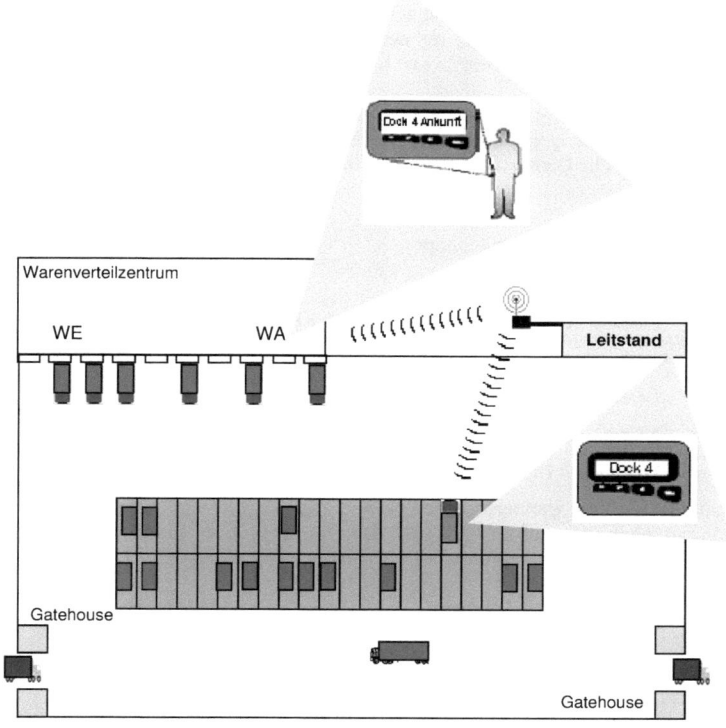

Abbildung 8 : Anwendungsbereiche des Pagers innerhalb des Werksgeländes

5.6   Kommunikation über Anzeigetafel

Eine andere Möglichkeit, den Fahrern der Verkehrsträger die Standorte der Verladestellen mitzuteilen, ist die Angabe über ein Anzeigesystem. In der Regel ist dieses ein großflächiges LCD-Display. Die Fahrer werden nach ihrer Ankunft zunächst auf einen Parkplatz gelenkt, welcher mit diesem Anzeigesystem ausgerüstet ist. Auf diesem System werden die für die Abwicklung relevanten Informationen angezeigt und können jederzeit verändert werden. Die Informationen sind individuell verschieden, in der Regel jedoch werden folgende Daten angezeigt:

- Fahrzeugnummer
- Anzeige der Verladerampe (Verladetor)
- Status der Abwicklung
- Typzuweisung
- Auftragsnummer

Die Einbindung in das D&Y System garantiert, dass jeweils die aktuellsten Informationen vorhanden sind und auf Veränderungen unmittelbar reagiert werden kann. Die Anzeigetafeln sind entweder per Kabelleitung mit dem Leitstand verbunden oder die Übertragung erfolgt mittels Funk. Die Funkübertragung ist bei entfernteren Standorten vorzufinden.

Weiterhin sind Anzeigesysteme an den einzelnen Verladestellen anzutreffen, entweder eine großflächige Anzeigetafel für alle Verladestellen oder kleinere Anzeigetafeln für jede Verladestelle. Die Daten, die hierbei übermittelt werden, bestehen vorwiegend aus:

- Nummer der Verladerampe
- Name des Verladearbeiters
- Statusanzeige (erledigt, in Verzug oder Prozentangabe der vollzogenen Verladung)
- Zeitpunkt des Verlassens der Verladestelle
- Bestimmungsort innerhalb des Warenhauses
- Nummer der durchzuführenden Arbeit
- Datum und Uhrzeit

Auftretende Verzögerungen oder andere Schwierigkeiten können durch auffallende Kolorierungen erkennbar hervorgehoben werden. Die Komponenten, die für diese Kommunikationsform erforderlich sind, werden in der folgenden Abbildung dargestellt:

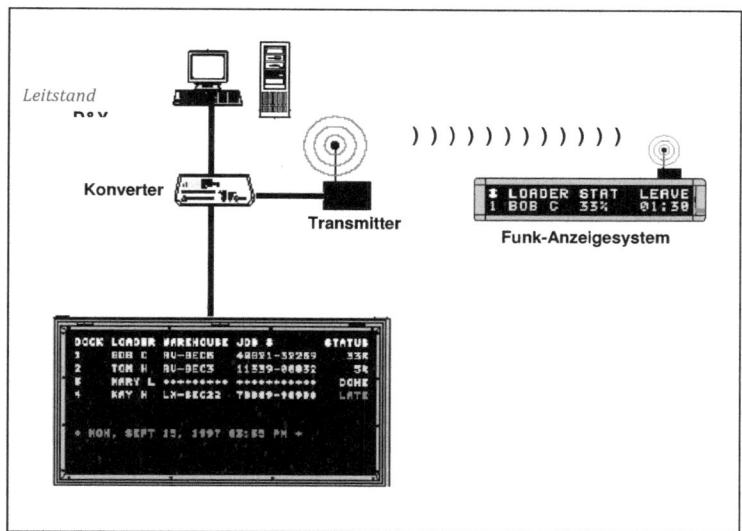

Abbildung 9: Komponenten des Anzeigesystems

Die vom Leitstand ausgehenden Daten werden im Konverter für die Anzeige an den entsprechenden Tafeln umgewandelt. Sind die Standorte der Anzeigetafeln weiter entfernt, erfolgt die Übertragung über ein Funksystem. Die Daten werden hierfür ausgehend vom Konverter an einen Transmitter weitergeleitet, der diese dann an die jeweiligen Anzeigetafeln versendet.

Die Einbindung der Anzeigetafeln in das Werksgelände und die gewöhnlichen Standorte sind zusammenfassend in der folgenden Abbildung illustriert:

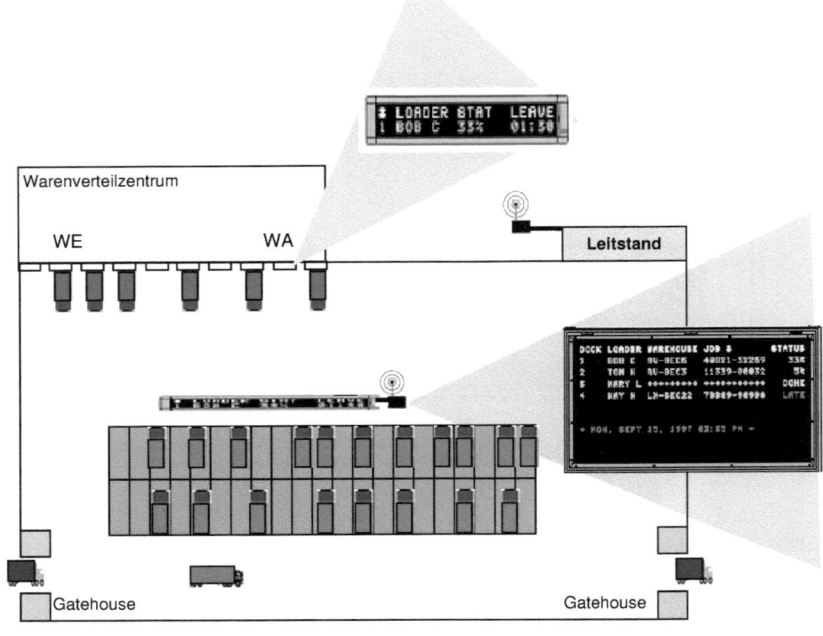

Abbildung 10: Standorte der Anzeigesysteme auf dem Werksgelände

5.7 Anwendung des Mobilfunks innerhalb des D&Y Managements

Die Anwendung des öffentlichen Mobilfunks (Mobilkommunikation) innerhalb des D&Y Managements gewinnt heutzutage mehr und mehr an Bedeutung. Die Gründe hierfür sind bessere Übertragungsqualität infolge besserer Technologien und zunehmend sinkender Kosten (Gerätepreise, Verbindungspreise, etc.) Der Einsatz von Mobilkommunikations-Systemen im D&Y Management ist nur dann nötig und wirtschaftlich sinnvoll, wenn stationäre Kommunikationssysteme nicht geeignet sind. Dies trifft insbesondere dann zu, wenn sich der Aufenthaltsort eines Kommunikationspartners (im D&Y Management der Fahrer des Verkehrsträgers) ständig und weiträumig ändert. Der wichtigste Einsatzbereich mobiler Kommunikationssysteme bei logistischen Dienstleistern ist der Versand. Die Nutzung des Mobilfunks im D&Y Management konzentriert sich auf die Verständigung zwischen Leitstand und den Fahrern der externen Verkehrsträger. Der Leitstand nutzt den Mobilfunk, um die in Tabelle 12 dargestellten Informationen dem Fahrer verbal oder per Datentransfer zu übermitteln, der Fahrer seinerseits bestätigt dem Leitstand die Ankunft/Abfahrt an/von der Verlade-Parkstelle sowie den Beginn bzw. das Ende des Verlade-Parkvorgangs. Des Weiteren wird der Mobilfunk zur Lokalisierung einzelner Verkehrsträger verwendet. Über die GMS-Technik (Global System for Mobile Communication) werden die Positionsdaten des GPS-Empfängers an den Leitstand übermittelt. Als Endgerät im Führerhaus des Verkehrsträgers genügt hierzu ein GMS Mobilfunktelephon0, welches in der Lage ist, die Informationen per WAP (Wireless Application Protocol) zu empfangen bzw. Statusmeldungen per SMS (Short Message Service) an den Leitstand zu übermitteln (Vgl. ebenfalls Tabelle 12). Voraussetzung für eine Übertragung ist, dass der Leitstand Kenntnis über die jeweilige Rufnummer des Mobiltelefons hat. Die Rufnummer ist in der Regel bei der Ankunft des Verkehrsträger dem Pförtner zu übermitteln. Dieser trägt daraufhin die Rufnummer in das D&Y System ein. Andernfalls ist der Leitstand für die Eintragung der Rufnummer verantwortlich. Wird im Voraus die Ankunft des Verkehrsträgers per Avis angekündigt, wird in der Regel bereits hierbei die Rufnummer übermittelt.

Als Nachteil des Mobilfunks erweist sich der im Moment noch hohe Kostenanteil der einzelnen Verbindungen. Doch aufgrund der stark sinkenden Preise für die Datenübertragung, ist der Mobilfunk in vielen Anwendungsbereichen eine echte Konkurrenz zum Betriebsfunk bzw. Bündelfunk geworden. Ein weiterer, gegenwärtiger Nachteil des Mobilfunks ist seine Übertragungsgeschwindigkeit. Insbesondere der Datentransfer erweist sich hierbei oft als problematisch. In manchen Fällen dauert es einige Minuten, bis die Informationen (siehe Tabelle 2) korrekt übertragen sind. Jedoch spielt der Zeitfaktor im D&Y Management die wichtigste Rolle. Gerade dieser soll durch eine effektive Nutzung des D&Y Management infolge einer schnellen Datenübertragung so gering wie möglich gehalten werden. Des Weiteren ist bei der Beurteilung des Mobilfunks festzuhalten, dass in einigen Regionen die Netzabdeckung z. T. noch nicht vollständig entwickelt ist. Es kann unter Umständen vorkommen, dass eine Übertragung der Informationen erst gar nicht zustande kommt.

Die nachfolgende Tabelle 2 zeigt resümierend eine mögliche Ausstattung der Akteure mit den o. g. Technologien für einen Informationsaustausch innerhalb des D&Y Managements:

Akteure	Pförtner	Leitstand	Fahrer	Verladepersonal
Pförtner		- ortsfeste Bedien/Funkstation	- ortsfeste Bedien/Funkstation	- ortsfeste Bedien/Funkstation
	————	- Telefon		- Telefon
Leitstand	- ortsfeste Bedien/Funkstation		- ortsfeste Bedien/Funkstation	- ortsfeste Bedien/Funkstation
	- Telefon		- Pager	- Anzeigesystem
			- Anzeigesystem	- mobiles Funkgerät
	————		- Mobiltelefon	- Handheld
			- Bordcomputer	- Ein-Weg-Pager
			- mobiles Funkgerät	- Telefon

Fahrer	- mobiles Funkgerät - Mobiltelefon	- Bordcomputer (GPS) - mobiles Funkgerät - Mobiltelefon	- Bordcomputer - mobiles Funkgerät - Mobiltelefon	- Bordcomputer - mobiles Funkgerät - Mobiltelefon
Verlade- personal	- ortsfeste Bedien/Funkstation - Telefon - Zwei-Wege-Pager - mobiles Funkgerät	- ortsfeste Funkstation - Zwei-Wege-Pager - mobiles Funkgerät - Handheld - Telefon	- ortsfeste Funkstation - mobiles Funkgerät	- ortsfeste Bedien/Funkstation - mobiles Funkgerät - Handheld - Telefon

Tabelle 2 : Technologieausstattung der Akteure innerhalb des D&Y Managements

6 Lokalisierung von Rangierfahrzeugen und mobiler Lagerflächen

Ein zusätzlicher Nutzen der o .g. unterschiedlichen Kommunikationstechnologien ist die Lokalisierung der Rangierfahrzeuge und mobilen Lagerflächen auf dem Werksgelände. Die einzelnen Positionsdaten werden durch den Datenfunk bzw. Mobilfunk an den Leitstand weitergeleitet.

Aufgrund der stetigen Zunahme des Containeraufkommens, ist eine schnelle und genaue Ortsbestimmung von Rangierfahrzeugen und vor allem von mobilen Lagerflächen innerhalb des Werksgeländes für ein effektives Dock&Yard Management unentbehrlich. Yard Management Systeme dienen vornehmlich der Verwaltung mobiler Lagerflächen. Hierbei ist die visuelle Darstellung des Werksgeländes von grundlegender Bedeutung. Durch diese Komponente ist den Verantwortlichen im Leitstand zu jeder Zeit ein vollständiger Überblick über die Zustände auf dem Werksgelände gegeben. Neben der graphischen Darstellung verschiedener Bereiche des Werksgeländes und deren Zustände sind vor allem die visuelle Illustration der einzelnen mobilen Lagerflächen sowie deren Standorte als Grundlage für die Verwaltung der Lagerflächen von enormer Relevanz.

Die per Hand (d. h. durch Eingabe in das D&Y System über den Bordcomputer und Weiterleitung per Datenfunk) oder per Sprechfunk (Datenübermittlung an den Leitstand) erfolgte Zwischenlagerung der mobilen Lagerflächen im D&Y System hat in der Regel eine sehr niedrige Fehlerrate. Es kommt dennoch in der Praxis vor, dass durch falsche Übermittlung infolge von eventuellen Verständigungsproblemen oder durch falsche Einträge in das D&Y System die Standorte der mobilen Lagerflächen im D&Y System falsch geführt sind. Die Folgen sind "verschwundene" Lagerflächen. Die daraufhin durchzuführende Suche nach den verloren gegangenen Lagerflächen ist gewöhnlich kostenintensiv infolge erhöhten Personaleinsatzes für die Suche, falsch genutzter Lagerflächen und eventuellem Zeitverlust. Gerade der letzte Aspekt sollte durch ein effektives D&Y Management System vermieden werden. Des Weiteren kommt es innerhalb von Warenverteilzentren bzw.

Containerumschlagzentren häufiger vor, dass viele in der Planung vorgebereitete Prozesse kurzfristig geändert werden müssen. Beispielsweise ändert sich der Zeitpunkt des Eintreffens des Verkehrsträgers oder die physischen Daten der Lagerflächen sind falsch übermittelt worden, so dass neue Verlade-Parkstellen benötigt werden, welche der Größe der Lagerfläche entsprechen. Aufgrund dieser Umstände müssen die D&Y Systeme auf die aktuelle, sich ständig verändernde Situation ohne Verzögerung reagieren und eventuelle zeitliche Auswirkungen in der weiteren Planung berücksichtigen (real-time).

Um die Fehlerrate auf ein Minimum zu reduzieren und um eine vollständige und v. a.. zeitnahe Übersicht zu erlangen, unterstützen unterschiedliche Technologien die D&Y Management Systeme. In den folgenden Abschnitten werden zwei Verfahren vorgestellt, welche die o. g. Aufgaben erfüllen und zusätzlich die Suche nach mobilen Lagerflächen bzw. Rangierfahrzeugen wesentlich erleichtern. Zum einen wird hierbei die Lokalisierung durch die Transpondertechnologie erläutert, welche den Datenfunk zur Positionsermittlung nutzt. Das andere Verfahren verwendet das GPS-Ortungssystem zur Lokalisierung der Rangierfahrzeuge bzw. der mobilen Lagerflächen.

6.1 Positionsermittlung durch Transponder

Neben der Übermittlung von Daten besteht ein weiterer Nutzen der Anwendung des Datenfunks in der Lokalisierung einzelner mobiler Lagerflächen bzw. Trailer durch RFID - Transponder. Werden auf dem Gelände eines großen Frachthofes mehrere Tausend Container "zwischengelagert", so ist ersichtlich, wie wichtig eine schnelle, einfache und vor allem genaue Positionsermittlung eines bestimmten Containers ist. Neben der Speicherung einzelner Daten der jeweiligen Lagerfläche im Yard Management System wird durch den Einsatz von abnehmbaren RFID-Transpondern ein Auffinden von mobilen Lagerflächen bzw. Trailern vereinfacht. Das grundsätzliche Funktionsprinzip wird im Folgenden erläutert:

Die entsprechenden mobilen Lagerflächen werden bei der Einfahrt auf das Werksgelände mit den Transpondern versehen. Das Betriebsgelände bzw. der Frachthof wird schachbrettartig mit einem Netz von einfachen Lokalisierungs-Antennen überzogen. Die Transponder senden automatisch alle paar Minuten ein ID-Signal. Dieses Signal wird von mindestens drei Lokalisierungs-Antennen empfangen, woraus nach einem bestimmten Algorithmus die jeweilige Position des Transponders ermittelt und an das Yard Management System weitergeleitet wird (vgl. Abbildung). Der Standort wird gespeichert und kann jederzeit visuell oder tabellarisch abgerufen werden. Verlässt die Lagerfläche das Werksgelände, wird der Transponder entfernt.

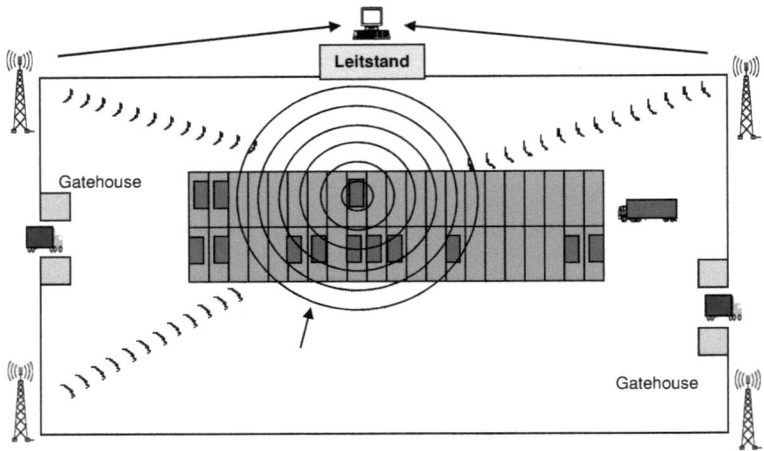

Abbildung 11: Funktionsweise der Transpondertechnik im D&Y Management

Ein zusätzlicher Nutzen in der Anwendung der Transpondertechnik ist die Anzeige von Warnsignalen. Die Transponder senden in diesem Fall nicht nur ID-Signale, sondern zusätzliche Daten von Sensoren, welche im Transponder integriert sind. (Beispielsweise ID-Nummer, Status, Temperatur). Der Transponder sendet dann den Inhalt seines Datenspeichers an eine Lesestation (Transmitter), welcher die Daten umwandelt und an das Yard Management System weiterleitet. Sobald die Temperatur über-unterschritten ist, wird ein Alarm ausgehend vom Yard Management System an den Leitstand übermittelt. Die Abbildung verdeutlicht noch einmal diesen Prozess.

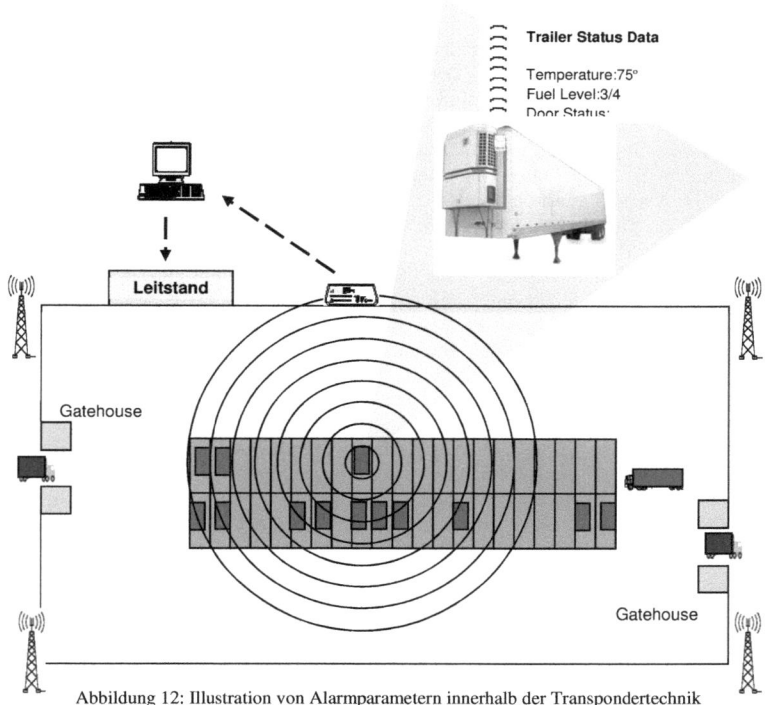

Trailer Status Data

Temperature:75°
Fuel Level:3/4
Door Status:

Leitstand

Gatehouse

Gatehouse

Abbildung 12: Illustration von Alarmparametern innerhalb der Transpondertechnik

6.2 Positionsermittlung durch GPS

Neben der Anwendung von Transpondern zur Lokalisierung von mobilen Lagerflächen gewinnt immer mehr das "Global Positioning System" -kurz GPS- zur Positionsermittlung an Bedeutung.. In der Logistik unterstützt die GPS-Technologie vor allem das Fuhrparkmanagement, die Sendungsverfolgung (Tracking&Tracing) sowie das Auftragsmanagement [Mehl96, S.33-34]. Innerhalb des D&Y Managements dient die GPS-Technik der genauen Lokalisierung von Lagerflächen und Rangierfahrzeugen.

Auf eine exakte und ausführliche Darstellung des GPS- Ortungssystems wird in dieser Arbeit verzichtet, da nur dessen Anwendung im D&Y Management von Relevanz ist. Jedoch wird das grundlegende Funktionsprinzip des GPS im Folgenden erläutert.

Für die Positionsbestimmung werden 32 Satelliten (24 Standard +8 Reserve) verwendet, die auf bestimmten Umlaufbahnen die Erde umkreisen. Jeder dieser Satelliten sendet Atomuhr-genau ein Signal aus. Diese Signale werden vom GPS- Empfänger entgegengenommen. Die GPS-Empfänger sind an den Rangierfahrzeugen sowie an den mobilen Lagerflächen angebracht. Zur Standortbestimmung reichen bereits die Signale von 3 Satelliten aus. Je mehr Signale empfangen werden, desto zuverlässiger ist der Standort der errechneten Position. Das Grundprinzip der Positionsermittlung durch GPS basiert darauf, dass die Distanz zwischen den Satelliten und dem GPS-Empfänger auf der Erde bestimmt wird. Der GPS-Empfänger misst die Zeit, die ein Signal braucht, um die Strecke von den Satelliten zum Empfänger zurückzulegen. Wenn die Entfernungen zu drei Satelliten bekannt sind, können durch trigonometrische Berechnungen die Positionskoordinaten des Empfängerstandortes als Längengrad und Breitengrad bestimmt werden. Werden Signale von vier oder mehr Satelliten empfangen, kann zusätzlich zur zweidimensionalen Position, die Höhe des Empfängerstandortes ermittelt werden. Auf die Erläuterung der Berechnung wird an dieser Stelle nicht näher eingegangen. Sind die Positionskoordinaten bestimmt, werden diese per Datenfunk an die Leitstelle übermittelt und im D&Y Management System gespeichert. In der Regel werden zusätzlich die übermittelten Positionen in der optischen Darstellung des Werksgeländes bzw. des Frachthofes angezeigt und gespeichert. Die Präzision der ermittelten Position kann durch viele Faktoren beeinflusst werden. Beispielsweise durch abweichende Satellitenbahnen, durch Einflüsse der verschiedenen Schichten der Atmosphäre und, speziell in großen Frachtumschlagszentren, durch Signalverzerrungen, verursacht durch große metallische Gebäude oder sonstige metallische Objekte (wie z. B. mobile Lagerflächen). Die Genauigkeit der Positionsermittlung beschränkt sich in der Regel auf ca. 25m. Berücksichtigt man jedoch die Standartgrößen mobiler Lagerflächen (Ein 20 ft - Container hat eine Länge von 6,058 m und ein 40 ft - Container eine Länge von 12,19m. Beide haben eine Breite von 2,35m und eine Höhe von 2,44m) ist eine exakte Positionsangabe nicht gegeben. Um diese Genauigkeit zu gewährleisten, wird ein ortsfester lokaler Referenzsender verwendet, von welchem die genaue Position bekannt ist. Das Verfahren wird als Differenzial GPS (DGPS) bezeichnet. Mit Hilfe von Korrekturverfahren ist es dann möglich, die Genauigkeit der durch das GPS ermittelten Positionen zu verbessern. Dabei werden den DGPS-Empfängern Korrektursignale übermittelt, die den Positionsfehler korrigieren. Der ortsfeste Referenzsender sowie die mobilen GPS-Empfänger an den Rangierfahrzeugen bzw. an den Lagerflächen empfangen die gleichen Satelliten unter den gleichen Bedingungen. Folglich ist die Abweichung in der Positionsbestimmung des mobilen GPS-Empfängers ebenfalls gleich. Die Referenzstation ermittelt die Differenz zwischen tatsächlicher und vom GPS ermittelter Position und sendet diese Korrekturwerte per Datenfunk an die einzelnen GPS-Empfänger. Dort werden die eigenen ermittelten Positionsdaten mit den über eine Schnittstelle empfangenen Korrekturdaten berichtigt und die so ermittelte neue Position per Datenfunk bzw. Mobilfunk (in der Regel GSM) an den Leitstand gesendet, wo die Positionsdaten im D&Y System und zeitgleich in der zentralen Datenbank gespeichert und in der Komponente Visualisierung des D&Y Management Systems angezeigt werden. Die erreichte Genauigkeit liegt bei diesem Verfahren bei 1-3 Metern, wobei für die Genauigkeit u. a. die Distanz zum Korrekturdatensender und die Signalqualität ausschlaggebend sind.

Die Übermittlung erfolgt in der Regel selbststeuernd. Sobald eine mobile Lagerfläche aufgenommen bzw. abgesetzt wird, wird dies im Bordcomputer bestätigt und die jeweiligen Daten sowie die Positionsdaten des am Rangierfahrzeug angebrachten DGPS-Empfänger per Datenfunk an das übergeordnete Yard Management System übermittelt. In großen Frachtumschlagzentren, in denen überwiegend Container bewegt werden, werden die Rangiertätigkeiten von Portalstaplern, so genannte Van Carrier durchgeführt. Aufgrund seiner vielseitigen Einsatzmöglichkeiten ist der Van Carrier in großen Umschlagsbetrieben zum wichtigsten innerbetrieblichen Transportmittel geworden.
Sind die mobilen Lagerflächen selber mit DGPS-Empfängern ausgerüstet, senden diese im Sekundentakt ihre Positionsdaten, so dass eine permanente Standortkenntnis gewährleistet ist und so der Anteil von falsch abgestellten bzw. verloren gegangener minimal ist. Die nachfolgende Abbildung stellt das o. g noch einmal zusammenfassend dar:

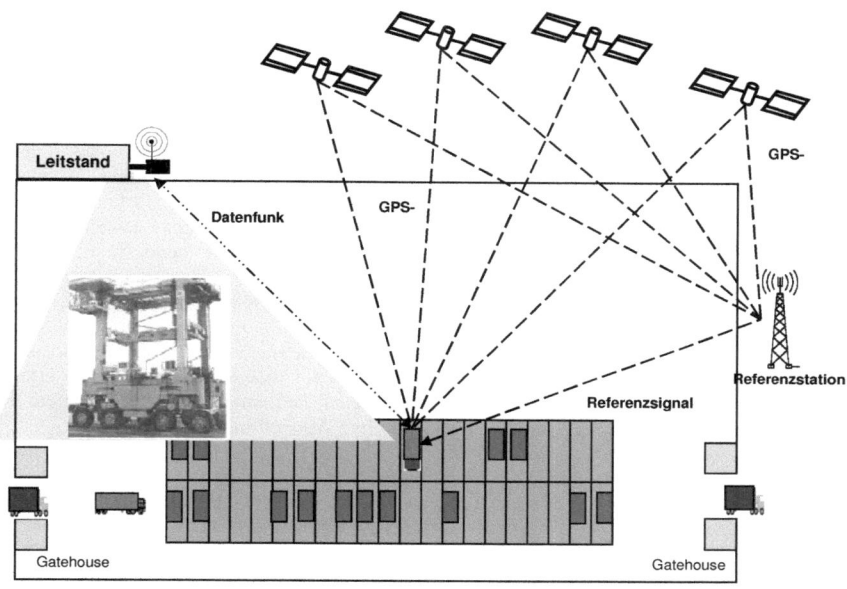

Abbildung 13: Funktionsweise der GPS- Ortung innerhalb des D&Y Managements

6.3 Tracking & Tracing

Ein zusätzlicher Aspekt, welcher einhergehend mit den o. g. Verfahren zur Lokalisierung der mobilen Lagerflächen zunehmend an Bedeutung gewinnt, ist das System der Sendungsverfolgung (sog. Tracking & Tracing). Tracking bezeichnet hierbei die Ermittlung des aktuellen Status (Zustand, Ort) eines Einzelteils. Im D&Y Management bezieht sich dies in der Regel auf einen Container bzw. eine mobile Lagerfläche. Tracing bezeichnet den ex post rekonstruierbaren genauen Verlauf der Sendung bzw. des Transportes der mobilen Lagerfläche [in Anlehnung an glos03-ol]. Tracing ist gewissermaßen eine Zusammenführung der Momentaufnahmen der Positionen eines Fahrzeugs über einen Zeitraum. Der Anwender erhält auf diesem Weg ein Bild von der Positionsveränderung der einzelnen Sendungen in Abhängigkeit von der Zeit.

Waren vor einigen Jahren die Tracking & Tracing Systeme (T&T) noch optionale Bestandteile des Leistungsangebotes einiger Logistikunternehmen, so ist heute die Sendungsverfolgung weitestgehend obligatorisch. Das Motive sind zum Einen der Erhalt bzw. die Steigerung der Wettbewerbsfähigkeit, um die wachsenden Kundenanforderungen zu erfüllen. Dieses wird, neben verkürzter Zustellzeiten, höherer Dienstleistungsqualitäten auch durch erhöhten Kundenservice erreicht. Kundenservice in Logistikunternehmen heißt u. a., den Kunden durch T&T Systeme zeitnah Informationen zum aktuellen Sendungsstatus zur Verfügung stellen. Die Kunden fordern zunehmend exaktere Informationen über die Transporte ihrer Waren, um selber optimal planen zu können. Gerade in der Anwendung logistischer Konzepte wie der Just in Time Anlieferung ist eine genaue Kenntnis über den momentanen Standort der Ware bzw. des Containers von enormer Bedeutung, um rechtzeitig eine termingenaue Anlieferung zu gewährleisten. Dadurch werden anfallende Zusatzkosten durch Störungen so gering wie möglich ausfallen. Die Kenntnis des Standortes von Waren sowie die Rückverfolgung des Transports von Waren aus dem pharmazeutischen Bereich bzw. dem Lebensmittelbereich ist für die Unternehmen nicht nur von elementarer Bedeutung, sondern z. T. auch gesetzlich vorgeschrieben. Des Weiteren sind die heutigen Logistikketten dadurch gekennzeichnet, dass einzelne Segmente und Funktionen innerhalb der Logistikkette von verschiedenen Beteiligten verantwortet werden. Um diese Verantwortung optimal zu erfüllen, bedarf es der Sicherstellung einer lückenlosen Daten- bzw. Informationsbereitstellung. Diese ist u. a. durch T&T Systeme gewährleistet. Die Auskunft über den momentanen Standort sowie der Historie der Standorte erfolgt in der Regel internetbasiert. Die Kunden sind hierbei Produktionsunternehmen, Transportunternehmen, Dienstleister und die Empfänger der Waren (Kunden).

Internetbasierte T&T Systeme einzelner Logistikunternehmen nutzen die GPS und Transpondertechnologie, um den aktuellen Standort der mobilen Lagerfläche zu ermitteln und ihren Kunden die Möglichkeit zu geben, jeder Zeit im Internet zu erkennen, an/in welchem Standort/Sendungsstatus sich die jeweilige Ware befindet.

Auch einige Warenumschlagszentren nutzen die Transpondertechnologie des D&Y Management Systems zur Unterstützung der Transportüberwachung für externe Prozessbeteiligte. Hierbei werden die Daten der Verkehrsträger bzw. der mobilen Lagerflächen manuell durch den Leitstand oder zunehmend selbststeuernd, d. h. zeitgleich mit der Ablage in der zentralen Datenbank, auf einer Internetplattform bereitgestellt. Im Vordergrund stehen hierbei die Informationen über:

- die Ankunfts- bzw. Abfahrtszeit des Verkehrsträgers bzw. der mobilen Lagerfläche am/vom Werksgelände (Datum, Uhrzeit),

- den Aktuellen Standort des/der Verkehrsträgers/Lagerfläche,

- die Historie der durchgeführten Verlade- Parktätigkeiten des Verkehrsträgers,

- über noch durchzuführende Verlade- Parktätigkeiten des Verkehrsträgers,

- zurückliegende Standorte der mobilen Lagerfläche (Historie),

- die Anzeige der Handlingzeit (Dauer) sowie den Status der Verladung (Angabe in Prozent) bei aktueller Verlade- Parktätigkeit.

Die extern am Transport beteiligten Unternehmen bzw. die Warenempfänger müssen sich über ein Passwort und einen Zugangscode identifizieren, um den Datenschutz zu gewährleisten. Erhalten sie daraufhin Zugang, können die o. g Daten nach Eingabe einer Referenznummer angezeigt werden. Zusätzlich hierzu können auch Suchfunktionen mit alternativen Sendungsparametern (beispielsweise der Name des Empfängers) formuliert werden.

Verfügen die Warenverteilzentren bzw. Containerumschlagzentren nicht selber über eine Internetseite, werden die Daten über Schnittstellen (via XML) an Logistikdienstleister übermittelt, welche ihrerseits Tracking&Tracing Informationsdienste dem Kunden zur Verfügung stellen. Hierbei handelt es sich in der Regel um große Logistikdienstleister (Transportunternehmen), welche einen enormen Anteil an den durchzuführenden Verladungen auf dem Werksgelände besitzen.

7   Fazit/Ausblick

In dieser Arbeit wurde, nach einer kurzen Einführung zum Dock&Yard Management, aufgezeigt, wie und in welchem Maß D&Y Managementsysteme zu einer Optimierung innerhalb dieser logistischen Konzepte beitragen. Damit die Planung und Überwachung der Steuerung der Verkehrsträger auf dem Werksgelände und an den Verladerampen optimal durchgeführt werden kann, bedarf es eines umfangreichen Schnittstellenmanagements. Das Schnittstellenmanagement ermöglicht nicht nur den internen Informationsaustausch zwischen den einzelnen Akteuren und Systemen innerhalb des Unternehmens, sondern auch die Übermittlung von externen Daten anderer Unternehmen, beispielsweise innerhalb der Supply Chain oder mit Transportunternehmen. Die Darstellung der unterschiedlichen Komponenten und Funktionsweisen des Schnittstellenmanagements war Gegenstand des Kapitels 4. Das darauffolgende Kapitel konzentrierte sich dagegen auf die Kommunikationspraktiken zwischen den Akteuren auf dem Werksgelände, ohne die eine problemlose und schnelle Steuerung der Vorgänge nicht gewährleistet ist. Das letzte Kapitel stellt zwei verschiedene Möglichkeiten und den Nutzen der Lokalisierung von Verkehrsträger und mobilen Lagerflächen vor. Hierbei zeigt sich, dass die Anwendung und die Integration neuer Technologien allen Akteuren zusätzliche Vorteile verschaffen.

Unter dem Aspekt der stetigen Zunahme des Transportaufkommens im Zuge wachsender Globalisierung (beispielsweise kürzlich vollzogene EU-Osterweiterung) gewinnt das D&Y Management verstärkt an Bedeutung. Die Unternehmen sind gezwungen, jede Maßnahme zu ergreifen, um Kosten einsparen zu können und gleichzeitig einzelne Geschäftsprozesse optimieren zu können, um so Wettbewerbsvorteile zu erhalten bzw. weiter auszubauen. Nachdem die Optimierung von Warehouse-Managementsystemen bzw. Transportsystemen weitestgehend vollzogen wurde, sind nun zusätzliche Bereiche des Werksgeländes dieser Optimierung zu unterziehen. Hier fällt bei vielen Unternehmen die Wahl auf den Bereich der Verladestellen sowie den innerbetrieblichen Transport dorthin. Die Integration von D&Y Management Informationssystemen ist eine Möglichkeit, diese Bereiche zu optimieren. Die Entwicklung der letzten Jahre zeigte, dass die Anwendung neuer Technologien das D&Y Management vereinfachen und auch externen Prozessbeteiligten Vorteile verschaffen. Zu nennen ist hierbei die in Kapitel 6 vorgestellte Lokalisierungsmöglichkeit durch die Transpondertechnik. Die Einstellung der Positionsdaten erfolgt zunehmend selbststeuernd, so dass vom Leitstand nur noch Überwachungsmaßnahmen durchzuführen sind. Verfügen die Unternehmen gleichzeitig über die Möglichkeit der Sendungsverfolgung (Tracking&Tracing), profitieren auch externe Prozessbeteiligte (Kunden, Transportunternehmen, etc.) von dieser Technologie. Weiterhin ist bei einigen Unternehmen die Funktion des Pförtners und des Verlademeisters aufgrund erhöhter Technologisierung nicht mehr erforderlich. Magnetkarten übernehmen deren Aufgaben. Bei der Ein- u. Ausfahrt auf das bzw. vom Werksgelände werden die Daten der Magnetkarte mit denen im System verglichen. Stimmen diese überein, erhält der Fahrer die Erlaubnis zur Ein- u. Ausfahrt und eine Schranke öffnet sich. Der Standort der Verladestellen werden dem Fahrer über Anzeigetafeln mitgeteilt. An der Verladestelle angekommen, erfolgt die Benachrichtigung über Beginn und Ende, welche in der Vergangenheit durch den Verlademeister durchgeführt wurde, ebenfalls durch die Magnetkarte. Die Weiterentwicklung von RFID-Tags führt ebenso zu einer Einsparung der Funktion des Pförtners am Ein- Ausgang des Werksgeländes. Befinden sich bereits RFID-Tags an den Fahrzeugen, können diese bereits am Eingang des Werksgeländes identifiziert und gleichzeitig der Standort der Verladestelle übermittelt werden. Voraussetzung in diesem Fall ist die Existenz von Datenfunk-Terminals. Auch zukünftig werden Technologien entwickelt, durch deren Anwendung einzelne Geschäftsprozesse in den Unternehmen und speziell im D&Y Management vereinfacht werden. Vielleicht wird auf diesem Weg die Popularität des D&Y Managements gesteigert.

In Deutschland steht die Entwicklung und Einführung von D&Y Management Systemen erst am Anfang. Auffallend ist, dass die generelle Kenntnis über vorhandene Dock&Yard Management Systeme gegenwärtig nicht stark ausgeprägt ist. Selbst große Logistikunternehmen bzw. Warenumschlagszentren sowie große Versand- u. Produktionsunternehmen, die eine Vielzahl von Andocktoren zu verwalten und eine hohe Anzahl täglicher LKW–An- u.-Abfahrten zu bewerkstelligen haben und welche im Zuge der Recherche für diese Arbeit kontaktiert wurden, mussten die Frage über die Existenz von D&Y Systemen größtenteils verneinen. Besteht Kenntnis über D&Y Management Systeme, scheuen die Unternehmen den Kostenaufwand in die Investition und Integration aller, für das D&Y Management benötigten Komponenten. Die Steuerung der Verladerampen wird hauptsächlich über die Zeitfenstervergabe organisiert. Das Problem hierbei ist jedoch der enorme Zeitverlust für die Fahrer der Verkehrsträger, der dann entsteht, wenn Störungen im Vorfeld der Verladungen auftreten. Ein koordiniertes Ausweichen auf andere Verladestellen ist vielfach nicht möglich, so dass sich der Zeitplan in der Regel enorm verzögert. Treffen die Verkehrsträger zu früh oder zu spät am Werksgelände ein, ist ebenfalls ein Ausweichen auf andere Verladestellen in der Regel mit einem hohen Zeitverlust verbunden. Zwar gibt es eine Vielzahl von Anbietern einzelner Yard Management Systeme, welche die Verwaltung der Stellfläche visualisieren und somit vereinfachen, jedoch die Möglichkeit einer simultanen Stellflächenverwaltung und der Steuerung des Verkehrs auf dem Werksgelände und speziell an den Verladestellen ist in Deutschland nicht anzutreffen. Innerhalb der Recherchen für diese Arbeit wurden Anbieter von Dock Management und Yard Management Systemen aus dem Inland sowie aus den USA und Kanada kontaktiert. In der Regel war der überwiegende Anteil bereit, mir Informationen zukommen zu lassen.

8   Anhang

Illustration mobiler Bedienstationen im D&Y Management

Die nachfolgenden Abbildungen illustrieren die im D&Y Management gewöhnlich verwendeten mobilen Bedienstationen. Sie ermöglichen die Kommunikation mit dem Leitstand z. T. direkt über das D&Y System.

Folgende Abbildung zeigt das Beispiel eines Staplerterminals.

Durch die Ausstattung von installierten Bedienstationen im Führerhaus des Rangierfahrzeugs können die Fahrer selbständig die ihnen zugeteilten und im Monitor sichtbaren Rangieraufträge abarbeiten. Hierbei quittieren sie jeweils den Beginn/Ende des entsprechenden Rangierauftrages. Wie die Bestätigung der Entladung einer mobilen Lagerfläche am Monitor einer Bedienstation aussehen kann, zeigt das nachfolgende Bild.

Gewöhnlich sich die Verladearbeiter mit sog. Handhelds ausgestattet. Diese erleichtern ihnen die Bestätigung der Ankunft des Verkehrsträgers, die Kontrolle von Warenein-ausgängen sowie die Anzeige von dem Beginn und Ende der Verladung. Nachfolgend ist das Bild eines Handhelds dargestellt.

Zur Übermittlung von Informationen zwischen dem Leitstand und dem Fahrer des Verkehrsträgers sowie dem Verladepersonal werden im D&Y Management sogenannte Pager verwendet. Das Bild eines Pagers ist nachfolgend illustriert.

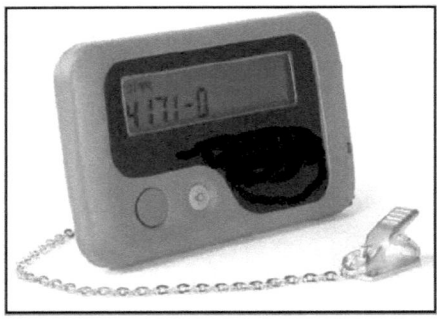

9 Literaturverzeichnis und weiterführende Literatur

[Bal99]   Balzert, H.: Lehrbuch der Objektmodellierung: Analyse und Entwurf, Spektrum Akademischer Verlag Heidelberg, Berlin, 1999

[Bie90]   Bierhals, E. : Warenannahme, 1. Auflage, Betriebswirtschaftlicher Verlag Dr. Th. Gabler , Wiesbaden, 1990

[Ccg00]   CCG: Cross Docking zwischen Handel und Industrie, Köln, 2000

[Ern03-ol] Ernst, E,-El: Voll im Trend: Cross Docking, in Logistik inside (4/2002) unter: EffizienteLogistikimBaumarkt, http://www.aje.de/downloads/deutsch/presse/effiziente_logistik_im_baumarkt.pdf, 17.07.03

[glos03-ol] Glossar zur Begriffswelt der eLogistik, 2003 unter http://www.gigalox.de/pdf/gigalox_glossar_v_1_1.pdf, 15.07.03

[Gue03a-ol] Gue, Kevin R:Crossdocking: Just-in-Time for Distribution, 2001 unter: http://rigel.nps.navy.mil/~krgue/Teaching/teaching.html, 15.07.03

[Gue03b-ol] Gue, Kevin R. : The Effects of Trailer Scheduling on the Layout of Freight Terminals, 1999 unter: http://rigel.nps.navy.mil/~krgue/Crossdocking/crossdocking.html, 15.07.03

[Häu02]   Häusler, P.: Integration der Logistik in Unternehmensnetzwerken: Entwicklung eines konzeptionellen Rahmens zur Analyse und Bewertung der Integrationswirkungen, Peter Lang GmbH Europäischer Verlag der Wissenschaften, Frankfurt am Main, 2002

[Hei00]   Heisereich, O.-E.: Logistik. Eine praxisorientierte Einführung, 2., überarbeitete und erweiterte Auflage, Gabler Verlag, Wiesbaden, 2000

[Ihd01]   Ihde ,G. : Transport, Verkehr, Logistik: Gesamtwirtschaftliche Aspekte und einzelwirtschaftliche Handhabung. 3., völlig überarbeitete und erweiterte Auflage, Verlag Vahlen München, 2001

[Ihd84]   Ihde ,G. : Transport, Verkehr, Logistik: Gesamtwirtschaftliche Aspekte und einzelwirtschaftliche Handhabung. 1 Auflage. Verlag Vahlen München, 1984

[Jon03-ol   Johnson, M.: Developments in Cross Docking in Retailing , unter

[Kop99]   Kopfer, H.; Bierwirth, Ch. :Logistik Management. Intelligente I+K Technologien, Springer Verlag Berlin u. a. ,1999

[Kot97]   Kotzab, H.: Neue Konzepte der Distributionspolitik von Handelsunternehmen, deutscher Universitätsverlag, Wiesbaden, 1997

[Mef98]   Meffert, H.: Marketing-Management, Gabler Verlag, Wiesbaden, 8.
               Auflage, 1998

[Mehl96]   Mehl, H.: Global Positioning System. In: Informatik Spektrum, Band 19,
               Heft 1, Springer Verlag Heidelberg, 1996

[Pfo00]   Pfohl, H.-Chr.: Logistiksysteme. Betriebswirtschaftliche Grundlagen. 6.,
               neubearbeitete und aktualisierte Auflage, Springer Verlag Berlin u. a., 2000

[Pfo85]   Pfohl, H.-Chr.: Logistiksysteme. Betriebswirtschaftliche Grundlagen,
               Springer Verlag Berlin u. a., 1985

[Rod91]   Rode, M.: Produktionslogistik. Köln: Verlag TÜV Rheinland, 1991

[Rup97]   Ruppert, M : Die Just in Time Beschaffung aus Sicht der
               Zuliefererindustrie, Peter Lang GmbH Europäischer Verlag der
               Wissenschaften, Frankfurt am Main, 1997

[SaMo00]   Swoboda, B.: Morschett, D.: Cross Docking in der
               Konsumgüterdistribution, in: Wirtschaftswissenschaftliches Studium, 29.
               Jg., 2000, Nr. 6

[Sch99]   Schulte, C.: Logistik: Wege zur Optimierung des Material- und
               Informationsflusses, 3., überarbeitete und erweiterte Auflage, Verlag Vahlen
               München, 1999

[Shö00]   Schönleben, P.: Integrales Logistikmanagement. Planung und Steuerung von
               umfasssenden Geschäftsprozessen, 2., überarbeitete und erweiterte Auflage,
               Springer Verlag Berlin u. a., 2000

[Tec03-ol]   Technologinfo Logistikbegriffe , D&Y Management Definition, unter
               http://technologinfo.fgm.at/Logistikbegriffe.phtml, 14.04.2003

[Wil88]   Wildemann, H. :Produktionssynchrone Beschaffung. Einführungsleitfaden ,
               Verlag: gfmt- Gesellschaft für Management und Technologie- Verlags KG,
               München ,1988

Mehr zu diesem Thema finden Sie in: „Dock & Yard Management Informationssysteme - Grundlagen,
Geschäftsprozesse und Anwendungsszenarien"

ISBN: 978-3-638-71769-4

http://www.grin.com/de/e-book/31967/

BEI GRIN MACHT SICH IHR
WISSEN BEZAHLT

- Wir veröffentlichen Ihre Hausarbeit,
  Bachelor- und Masterarbeit

- Ihr eigenes eBook und Buch -
  weltweit in allen wichtigen Shops

- Verdienen Sie an jedem Verkauf

Jetzt bei www.GRIN.com hochladen
und kostenlos publizieren